汉语言文学词汇研究

谢 艳 胡晓璐 张 卉 著

中国原子能出版社

图书在版编目（CIP）数据

汉语言文学词汇研究 / 谢艳，胡晓璐，张卉著.
北京：中国原子能出版社，2024. 10. -- ISBN 978-7
-5221-3695-0

Ⅰ. H13

中国国家版本馆 CIP 数据核字第 2024N9V269 号

汉语言文学词汇研究

出版发行　中国原子能出版社（北京市海淀区阜成路 43 号　　100048）

责任编辑　张冬冬

责任校对　刘　铭

责任印制　赵　明

印　　刷　河北宝昌佳彩印刷有限公司

经　　销　全国新华书店

开　　本　787 mm×1092 mm　1/16

印　　张　13.75

字　　数　220 千字

版　　次　2024 年 10 月第 1 版　2024 年 10 月第 1 次印刷

书　　号　ISBN 978-7-5221-3695-0　　　　定　价　**83.00 元**

发行电话：010-68452845

前　　言

　　汉语言文学作为中华民族文化的重要组成部分，承载着数千年的文明积淀与智慧结晶。在浩瀚的文化海洋中，词汇作为语言的基石，不仅记录了历史的变迁，也映射了社会的发展、文化的演进及民族心理的微妙变化。汉语词汇以其独特的魅力和深厚的文化底蕴，成为了连接古今、沟通中外的桥梁。从古老的甲骨文、金文到现代的白话文，从古典诗词的精炼雅致到现代小说的生动多样，汉语词汇的每一次变革都伴随着社会文化的进步与发展。本书开篇即通过对汉语词汇的定义与特点的阐述，为读者勾勒出汉语词汇的基本轮廓，进而通过对历史沿革的梳理，展现了汉语词汇从源头到流变的壮阔图景，让读者能够清晰地感受到词汇背后的历史脉络和文化逻辑。

　　在汉语词汇的研究中，分类方法的科学性尤为重要。本书不仅介绍了传统的分类方式，还探讨了词汇与文化之间的紧密关联，揭示了词汇不仅是语言的单位，更是文化的载体，蕴含着丰富的民俗风情、历史典故和哲学思想。通过对词汇构成原理的剖析，如单纯词、合成词的构成模式，词缀与词根的作用，本书力求帮助读者理解汉语词汇生成的内在机制，提升词汇学习的效率与深度。

　　语义分析是汉语词汇研究的核心内容之一。本书详细探讨了词汇意义的基本类型、演变机制，对同义词、反义词、多义词、同音词等复杂语义现象进行了辨析，引入了语义场与词汇系统的概念，为读者提供了分析词汇意义的新视角，有助于深化对汉语词汇语义层面的理解。

　　古代汉语词汇与现代汉语词汇各有其特色与价值。本书通过对古代汉语词汇特点的总结，以及对甲骨文、金文词汇和《诗经》《楚辞》等经典文献词汇的解析，展现了古代汉语词汇的独特魅力。同时，对近现代汉语词汇的演变进行了深入探讨，特别是白话文运动、新文化运动对词汇的影响，以及近现代科技词汇的引入，揭示了汉语词汇与时俱进的活力与开放性。

此外，本书还探讨了汉语词汇在文学创作、信息传播等领域的广泛应用，展示了词汇如何成为文学创作中表情达意的重要工具，以及在网络语言、广告语言、社交媒体等新兴传播方式中的独特作用，反映了汉语词汇在当代社会的生命力与创造力。

本书旨在激发读者对汉语词汇的兴趣，提升其语言运用能力，同时促进中华文化的传播。希望通过本书，能够让更多人领略到汉语词汇的无穷魅力，为中华文化的传承与发展贡献一份力量。

由于笔者时间和精力有限，书中难免存在疏漏之处，望广大读者批评、指正。

目　　录

第一章 汉语言文学词汇概述

第一节 汉语词汇的定义与特点

一、汉语词汇的基本概念界定

汉语词汇作为汉语表达的基本单位，承载着中华民族悠久的历史、深厚的文化底蕴及丰富多彩的思想情感。它不仅是语言交流的工具，更是文化传承的载体，其基本概念、发展演变、结构特征以及文化内涵，都值得我们深入探讨。

（一）汉语词汇的定义与性质

1. 定义

汉语词汇，简称"词汇"，是指汉语中所有词语的集合，包括词和固定短语。词是最小的能够独立运用的语言单位，具有固定的语音形式、意义和语法功能；固定短语则是两个或两个以上的词组合而成，结构上相对固定，意义上具有整体性的语言单位，如成语、谚语、歇后语等。

2. 性质

① 系统性：汉语词汇不是孤立存在的，而是按照一定的规律组合成一个

有机整体，词与词之间通过语音、语义、语法等方面的联系形成系统。

②发展性：随着社会的发展、文化的交流及人们认知水平的提高，汉语词汇不断新陈代谢，既有旧词的消亡，也有新词的产生。

③民族性：汉语词汇深深植根于中华文化的土壤之中，反映了中华民族独特的思维方式、价值观念和生活习惯，具有鲜明的民族特色。

④多样性：汉语词汇数量庞大，构词方式多样，词义丰富多变，能够精准地表达复杂的思想情感和客观事物。

（二）汉语词汇的构成

根据不同的标准，词可以划分为多种类型。按音节数量可分为单音节词（如"山"）、双音节词（如"学习"）、多音节词（如"社会主义"）；按词性可分为名词（如"书"）、动词（如"跑"）、形容词（如"美"）、副词（如"很"）、介词（如"在"）、连词（如"和"）等；按构词方式可分为单纯词（如"葡萄"）、合成词（如"书本"）等。

固定短语作为词汇的重要组成部分，其形式固定，意义完整，不能随意拆分或替换。成语是最具代表性的固定短语，它们大多来源于古代典籍、历史故事或民间传说，如"守株待兔""亡羊补牢"等，寓意深刻、言简意赅。

（三）汉语词汇的发展演变

汉语词汇的历史可以追溯到上古时期，那时已有较为丰富的词汇系统。随着社会的进步和文化的交流，汉语词汇不断吸收外来词汇，例如，汉代丝绸之路开通后，大量西域词汇进入汉语；唐宋以来，佛教文化的传入又带来了大量佛教词汇；近现代以来，随着西方文化的传入，大量英语、日语等外来词被借入汉语，丰富了汉语词汇库。

新词的产生是汉语词汇发展的重要标志。新词的来源广泛，主要包括四种途径：一是通过创造新词，如"互联网""大数据"等；二是通过旧词新义，即赋予旧词以新的含义，例如，"小康"原指古代儒家理想中的社会状态，现指经济比较宽裕的生活状态；三是通过缩略造词，例如，"高铁"是"高速铁路"的缩略；四是通过音译或意译外来词，如"沙发"（sofa）、"克隆"（clone）等。

（四）汉语词汇的结构特征

汉语词汇的构词法多样，主要包括复合法、派生法、重叠法、音译法等。复合法是最主要的构词方式，即通过两个或两个以上的词根组合成新词，如"学习""书本"；派生法则是在词根的基础上添加词缀构成新词，如"老师""桌子"；重叠法则是通过词根的重复构成新词，如"爸爸""看看"；音译法则是直接按照外语词的发音翻译成汉语词，如"咖啡""坦克"。

汉语词汇的词义并非一成不变，而是随着社会的发展而不断演变。词义的变化主要有词义扩大、词义缩小、词义转移、词义感情色彩变化等几种类型。例如，"江"在古代专指长江，后扩大为泛指大河；"臭"在古代可指气味，今多指难闻的气味，词义缩小；"涕"原指眼泪，后转为指鼻涕，词义转移；"小姐"一词由旧时对未婚女子的尊称演变为现代带有贬义的称呼，词义感情色彩变化。

二、汉语词汇的丰富性与多样性

在浩瀚的语言海洋中，汉语词汇以其无与伦比的丰富性和多样性独树一帜，成为中华民族智慧与创造力的结晶。这种丰富性和多样性不仅体现在词汇数量的庞大上，更在于其构词方式的灵活多变、词义的广泛深刻及文化内涵的丰富多彩。

（一）词汇数量的庞大与增长

汉语词汇的数量之多是世界语言中所罕见的。据不完全统计，现代汉语的常用词汇量已超过数万，而整个汉语词汇库则更为庞大，涵盖了从古至今积累下来的所有词语。这种庞大的词汇量为汉语表达提供了丰富的资源，使得汉语能够精确、细腻地描绘世间万物，表达复杂微妙的情感与思想。

同时，汉语词汇的数量还在不断增长。随着社会的发展、科技的进步及文化的交流，新事物、新概念层出不穷，汉语不断吸收外来词汇，创造新词，以满足表达的需要。这种动态增长的特性使得汉语词汇始终保持着鲜活的生命力，能够适应时代的变化和发展。

（二）构词方式的灵活多变

汉语词汇的构词方式极为灵活多变，这是其丰富性和多样性的重要体现之一。汉语构词法主要包括复合法、派生法、重叠法、音译法等多种类型，每种类型都有其独特的构词规则和表达效果。

① 复合法：通过两个或两个以上的词根组合成新词，如"学习""电脑""人工智能"等。复合法构词灵活，能够根据需要创造出大量新词，极大地丰富了汉语词汇库。

② 派生法：在词根的基础上添加词缀构成新词，如"老师""桌子""可爱"等。派生法通过词缀的添加改变了词根的词性或词义，使得同一词根能够表达多种不同的意义。

③ 重叠法：通过词根的重复构成新词，如"爸爸""看看""慢慢"等。重叠法增强了词语的表达效果，使得语言更加生动形象。

④ 音译法：直接按照外语词的发音翻译成汉语词，如"沙发""咖啡""克隆"等。音译法为汉语引入了大量外来词汇，丰富了汉语的词汇库和表达手段。

此外，汉语中还存在大量的成语、谚语、歇后语等固定短语，它们结构固定，意义完整，不能随意拆分或替换。这些固定短语不仅丰富了汉语词汇的表达方式，还蕴含了丰富的文化内涵和历史底蕴。

（三）词义的广泛深刻

汉语词汇的词义广泛而深刻，是其丰富性和多样性的又一重要体现。汉语词汇的词义往往具有多义性、引申义、比喻义等特点，能够表达丰富多样的概念和情感。

① 多义性：一个词语往往具有多个不同的意义，这些意义之间往往存在某种关联或联系。例如，"火"既可以指燃烧时发出的光和热，也可以比喻为旺盛、热烈的情绪或气氛。

② 引申义：在基本意义的基础上，通过联想、比喻等方式引申出新的意义。例如，"打"的基本意义是用手或器具撞击物体，但在"打交道""打比方"等短语中，"打"则引申为交往、比喻等意义。

③ 比喻义：用某一事物来形象地说明另一事物，使语言更加生动具体。如"铁公鸡"比喻一毛不拔、非常吝啬的人；"雨后春笋"则用来形容事物迅速发展的态势。

汉语词汇的词义广泛深刻，使得汉语表达更加灵活多变，能够精准地描绘世间万物，表达复杂微妙的情感与思想。

（四）文化内涵的丰富多彩

汉语词汇不仅是语言符号的集合，更是文化的载体和传承的媒介。汉语词汇中蕴含着丰富的文化内涵和历史底蕴，反映了中华民族独特的思维方式、价值观念和生活习惯。汉语词汇中蕴含着丰富的民族文化心理，例如，"中庸之道"体现了中国人追求和谐、平衡的中庸思想；"孝顺"则体现了中国人重视家庭伦理、尊老爱幼的传统美德。这些词汇不仅传递了中华民族的文化精髓，也塑造了中华民族的精神面貌。

许多汉语词汇直接来源于古代典籍、历史故事或民间传说，如"女娲补天""夸父逐日"等成语，它们不仅丰富了汉语词汇库，也传承了中华民族的历史文化遗产。这些词汇承载着中华民族的记忆和智慧，是中华文化的重要组成部分。汉语方言词汇众多，各地方言词汇各具特色，反映了不同地域的文化风貌和地域特色。如北方方言中的"甭"（不用）、吴方言中的"阿拉"（我们）、粤方言中的"冇"（没有）等。这些方言词汇不仅丰富了汉语的表达方式，也展现了中华民族多元文化的魅力。

三、汉语词汇的构词特点与规律

汉语，作为世界上最古老、最丰富的语言之一，其词汇的构成展现出了独特的魅力和深邃的智慧。汉语词汇的构词不仅体现了汉语的语法结构，更蕴含了丰富的文化内涵和思维方式。

（一）汉语词汇构词的基本特点

汉语词汇的构词方式极为灵活多样，这是其最显著的特点之一。汉语中的词汇可以通过多种方式组合而成，包括复合法、派生法、重叠法、音译法等多种构词手段。这种灵活性使得汉语能够根据需要创造出大量新词，以满足表达的新需求。同时，汉语词汇的多样性也体现在其词性的丰富性上，包括名词、动词、形容词、副词等多种词性，这些词性之间的转换和组合进一步丰富了汉语的表达方式。

汉语词汇的语义往往具有复杂性和多义性。一个词汇在不同的语境下可能具有不同的含义，这种多义性使得汉语表达更加细腻和丰富。同时，汉语词汇还常常通过引申、比喻等方式扩展其词义范围，形成更加广泛和深刻的语义网络。这种语义的复杂性和多义性不仅增加了汉语表达的难度，也为其赋予了更高的艺术性和表现力。汉语词汇的构词还注重语音的和谐与韵律。汉语是一种声调语言，不同的声调可以改变词汇的意义。因此，在构词过程中，汉语往往追求声调的和谐与韵律的优美。这种对语音的注重使得汉语词汇在发音上更加悦耳动听，也为其赋予了独特的音乐美感。

（二）汉语词汇的构词规律

复合法是汉语词汇构词中最常用的方法之一。它通过将两个或两个以上的词根组合在一起形成新词。复合法构词遵循一定的规律和原则，如语义相关性原则、词性一致性原则等。语义相关性原则要求组合在一起的词根在意义上具有某种关联或联系；词性一致性原则则要求组合后的新词在词性上保持一致性。例如，"学习"一词由"学"和"习"两个词根组成，它们在意义上具有紧密的关联，且组合后仍为动词词性。派生法是通过在词根的基础上添加词缀来构成新词的方法。汉语中的派生法虽然不如英语等印欧语系语言那样发达，但仍存在一定数量的派生词。在派生法构词中，词缀的添加往往能够改变词根的词性或词义。例如，"老师"一词由词根"老"和词缀"师"组成，其中"老"作为词根表示年长或经验丰富的人，"师"作为词缀表示从事某种职业或具有某种技能的人。组合后，"老师"一词表示从事教育工作的人。

重叠法是通过将词根进行重叠来构成新词的方法。在汉语中，重叠法构词多用于形容词和副词等词性的词汇。重叠后的词汇往往具有加强语气、表达强调的作用。例如，"慢慢"一词由"慢"重叠而成，表示速度缓慢或动作悠闲；"好好"一词则用于强调某种行为或状态的良好性。音译法是按照外语词的发音直接翻译成汉语词的方法。随着全球化进程的加速和中外文化交流的深入，音译法在汉语词汇构词中越来越常见。音译法构词遵循的原则是尽量保持外语词的原音和音节结构，同时考虑汉语的发音习惯和语音美感。例如，"沙发"（sofa）、"咖啡"（coffee）、"克隆"（clone）等词汇都是通过音译法引入汉语的。

（三）汉语词汇构词的文化内涵

汉语词汇的构词不仅体现了汉语的语法结构和语音特点，更蕴含了丰富的文化内涵和思维方式。在汉语词汇的构词过程中，人们往往借助自然现象、生活实践、历史典故等元素来创造新词或扩展词义范围。这些元素不仅丰富了汉语词汇的表达手段，也为其赋予了深厚的文化底蕴和人文情怀。

例如，"水"作为汉语中的一个基本词汇，在构词过程中被广泛运用。人们通过"水"这一元素创造出了大量与"水"相关的词汇，如"江河湖海""波涛汹涌""水落石出"等。这些词汇不仅描绘了自然界中水的各种形态和特征，也蕴含了人们对水的敬畏之情和对自然环境的深刻理解。又如，"龙"作为中国文化中的神兽象征，在汉语词汇构词中也占据了重要地位。人们通过"龙"这一元素创造出了大量与"龙"相关的词汇，如"龙飞凤舞""龙腾虎跃""龙马精神"等。这些词汇不仅表达了人们对龙的崇拜和敬仰之情，也体现了中华民族自强不息、奋发向前的精神风貌。

四、汉语词汇在汉语中的地位与作用

在浩瀚的语言世界里，汉语以其独特的魅力和深厚的底蕴屹立于世界语言之林。作为汉语这一庞大语言系统的核心组成部分，汉语词汇不仅承载着语言的基本功能，更在文化传承、思维表达、社会交流等方面发挥着不可替代的作用。

（一）汉语词汇在汉语中的核心地位

词汇是语言的基本单位，是构成句子和篇章的基石。在汉语中，词汇以其丰富的数量和多样的形式，为语言表达提供了无限的可能性。无论是简单的日常对话，还是复杂的学术讨论，都离不开词汇的支撑。因此，汉语词汇在汉语中占据着举足轻重的核心地位，是语言大厦得以构建的坚实基础。

语言是思维的直接体现，而词汇则是思维表达的主要工具。在汉语中，每一个词汇都蕴含着丰富的意义和情感，能够精准地表达人们的所思所感。无论是描述事物、表达情感，还是阐述观点、论证问题，汉语词汇都以其独特的魅力和深刻的内涵，为人们的思维表达提供了有力的支持。因此，汉语词汇在汉语中不仅是语言的基本单位，更是人们表达思想、交流情感的重要工具。汉语作为中华民族的文化瑰宝，承载着丰富的历史文化遗产和民族精神。而汉语词汇作为汉语的重要组成部分，更是文化传承的重要载体。许多汉语词汇都蕴含着深厚的历史文化底蕴和民族特色，如成语、俗语、谚语等，它们不仅是汉语语言艺术的瑰宝，更是中华民族文化智慧的结晶。通过学习和传承这些词汇，我们可以深入了解中华民族的历史文化、思维方式和价值观念，从而增强民族认同感和文化自信心。

（二）汉语词汇在汉语中的重要作用

汉语词汇的丰富性和多样性为语言交流提供了广阔的舞台。在汉语中，人们可以通过不同的词汇组合和表达方式，实现信息的有效传递和思想的深入交流。同时，随着社会的不断发展和进步，新事物、新概念层出不穷，汉语词汇也在不断更新和扩展。这种动态变化的特性使得汉语能够紧跟时代步伐，满足人们日益增长的语言需求，促进语言交流与发展的不断进步。汉语词汇的精准性和生动性是汉语表达的重要特征之一。在汉语中，每一个词汇都有其独特的含义和用法，能够精准地表达人们的所思所感。同时，汉语词汇还常常通过比喻、拟人等修辞手法来增强语言的生动性和形象性，使得语言表达更加富有感染力和表现力。这种精准而生动的表达方式不仅提高了汉语的语言魅力，也为人们的思想交流和情感沟通提供了更加丰富的表达手段。

汉语词汇是社会变迁和文化演进的重要见证者。随着社会的不断发展和进步，新事物、新概念不断涌现，汉语词汇也随之不断更新和扩展。这些新词汇不仅反映了社会生活的变化和人们思想观念的转变，也见证了中华民族文化的演进和发展。通过研究汉语词汇的变迁历程，我们可以深入了解中华民族的历史文化、社会变迁、民族精神等方面的信息，从而更加全面地认识和理解中华民族的文化传统和现代化发展。

汉语词汇不仅承载着中华民族的文化遗产和精神内涵,还深刻地影响着民族性格和思维方式的形成。在汉语中,许多词汇都蕴含着中华民族的传统美德和价值观念,如"仁爱""诚信""勤奋"等。这些词汇通过长期的传承和使用,逐渐内化为中华民族的性格特征和思维方式的重要组成部分。它们不仅塑造了中华民族独特的民族性格和精神风貌,也为中华民族的发展进步提供了强大的精神动力和文化支撑。

(三)汉语词汇对汉语整体发展的影响

汉语词汇的丰富性和多样性为汉语语法的形成与发展提供了重要的基础。在汉语中,词汇的组合方式和句法结构都受到词汇性质和意义的制约和影响。因此,汉语词汇的变化和发展必然会对汉语语法的形成与发展产生深远的影响。例如,随着新词汇的不断涌现和旧词汇的逐渐淘汰,汉语的句法结构和表达方式也会发生相应的变化和调整,以适应新的语言需求和表达要求。

汉语词汇的发音特点和韵律规律对汉语语音的和谐与统一也起着重要的作用。在汉语中,每一个词汇都有其独特的发音特点和韵律规律,这些特点和规律共同构成了汉语语音的和谐与统一之美。同时,汉语词汇的发音还受到地域文化、方言差异等多种因素的影响,呈现出多样化的特点。然而,这种多样性并不妨碍汉语语音的和谐与统一,反而使得汉语语音更加丰富多彩、富于变化。通过学习和掌握汉语词汇的发音特点和韵律规律,我们可以更好地理解和欣赏汉语语音的和谐之美。随着全球化的不断深入和发展,汉语国际传播与推广已成为时代的重要课题。而汉语词汇作为汉语的重要组成部分,在汉语国际传播与推广中发挥着不可替代的作用。通过学习和掌握汉语词汇的丰富性和多样性特点及其背后的文化内涵和思维方式,我们可以更好地理解和欣赏汉语的魅力;同时也可以通过教授和传播汉语词汇来推动汉语国际传播与推广的进程,增进不同文化之间的理解和交流。

第二节　汉语词汇的历史沿革

一、古代汉语词汇的形成与发展

汉语作为世界上使用人口最多的语言之一，其词汇的形成与发展历经了数千年的漫长历程，凝聚了中华文化的深厚底蕴和中国人民的智慧创造力。

（一）古代汉语词汇的起源

古代汉语词汇的起源可以追溯到甲骨文和金文时期。甲骨文是商代晚期至西周初期的一种文字，主要刻在龟甲和兽骨上，内容多为祭祀、卜筮的记录。这些刻字中的"牛""豕"等象形字，直观地表达了物体的形状，为后来汉字的发展奠定了基础。随着时间的推移，汉字逐渐从简单的象形符号发展成为表意和表音兼备的文字系统，进而推动了汉语词汇的丰富和多样化。

（二）古代汉语词汇的构成

古代汉语词汇的构成可以从语音和语义两个角度进行解析。从语音角度看，古代汉语以单音节词为主，但双音节词也在逐渐发展。从语义角度看，古代汉语词汇可以分为单纯词和复合词两大类。

单纯词主要由单音节词构成，少数为双音节联绵词。联绵词是由两个音节构成，但两个音节共同表示一个完整的意义，不能拆开单独解释。例如，"望洋"在古代汉语中表示"仰视"，不能理解为"望着海洋"；"玄黄"则用来形容天色昏黄，也不能拆分为"玄"和"黄"单独解释。复合词主要由两个或多个语素组合而成，这些语素之间存在着各种关系，如修饰与被修饰、支配与被支配、说明与被说明等。例如，"布衣"本指布料衣服，后转指穿布衣的人，即平民；"地震"由"地"和"震"两个语素组成，表示地面的震动。

11

复合词的形成是汉语由单音化向双音化发展的重要标志，极大地丰富了汉语词汇的内涵。

（三）古代汉语词汇的发展

古代汉语词汇的发展是一个复杂而漫长的过程，经历了从单音节词向双音节词转变的趋势，并伴随着词汇的分化、派生和新生词的创造。

1. 单音词向双音词的发展

秦汉时期，单音词在汉语词汇中占绝对优势。然而，随着社会的进步和文化的繁荣，单音词逐渐无法满足表达的需要，双音词开始大量出现并逐渐成为主流。这一转变过程主要通过以下几种方式实现。

①换一双音词：即改换一个说法，用另外的字构成双音词。例如，"马"变为"骏马"，"人"变为"人物"。

②加一实词素：在单音词的基础上加上一个实词素（等义或近义的词素），构成双音词。如"风"加"景"变为"风景"，"雪"加"花"变为"雪花"。

③加一虚词素：在单音词前或后加上一个虚词素（如前缀或后缀），构成双音。如"阿"作为附加词在汉代兴起，形成了"阿母""阿爷"等词汇；"老"作为附加词在唐代兴起，形成了"老虎""老鼠"等词汇。

2. 词汇的分化与派生

在古代汉语中，随着词义的引申和扩展，一个词往往会产生多个不同的意义，形成一词多义的现象。同时，为了区分这些不同的意义，人们开始创造新的词汇来替代原有的词汇，从而实现词汇的分化。例如，"解"字在古汉语中有多个义项，包括剖开、分散、解开、晓悟等，后来人们根据具体语境创造了"解决""解放"等新词来表达更为具体的意义。此外，词汇的派生也是古代汉语词汇发展的重要途径。通过词根的增减或词性的转变，可以派生出新的词汇。例如，"木"作为词根可以派生出"树木""木材""木匠"等词汇;"雨"作为动词可以转变为名词"雨水",进而派生出"雨季""雨量"等词汇。

3. 新生词的创造

为了表达新的概念或事物,人们会创造新的汉字来记录这些词汇。例如,"桌"字是后来新造的,用来替代原有的"卓"字表示桌子这一物品。古代汉语中也存在大量借词现象,即借用其他语言的词汇来表达本语言中缺乏的概念或事物。这些借词有些是音译的,如佛教词汇"菩萨""罗汉"等;有些是意译的,如"民主""科学"等。联绵词作为古代汉语中的一种特殊词汇形式,其产生往往与语音的关联密切。例如,"踟蹰""犹豫"等联绵词都是由两个音节构成,且两个音节在语音上有一定的联系(如双声或叠韵)。

(四)影响古代汉语词汇发展的因素

古代汉语词汇的发展受到多种因素的影响,包括社会、文化、政治、经济等方面。

社会的进步和文化的繁荣是古代汉语词汇发展的重要推动力。随着社会的进步和文化的繁荣,新的概念、事物和现象不断涌现,需要新的词汇来表达。例如,在汉朝时期,由于文化的繁荣和对外交流的增多,大量新词汇被创造出来,涵盖了政治、军事、医学、科学等多个领域。政治变革和制度变革也对古代汉语词汇的发展产生了深远影响。例如,秦朝统一中国后实行了"书同文"政策,统一了汉字的书写规范,促进了文字的传播和词汇的规范化。汉朝时期实行的科举制度则推动了文化教育的普及和士人阶层的崛起,为汉语词汇的丰富和发展提供了有利条件。

经济的发展和贸易交流也是古代汉语词汇发展的重要因素之一。随着经济的繁荣和贸易的增多,新的商品、技术和观念不断传入中国,需要新的词汇来表达。例如,唐代丝绸之路的开通促进了中外贸易的繁荣和文化交流的增加,大量外来词汇被引入到汉语中并逐渐成为汉语词汇的一部分。语言接触与融合也是古代汉语词汇发展的重要途径之一。在汉语发展的历史长河中，汉语不断与其他语言进行接触和交流，吸收了其他语言的词汇和语法结构并融入到自己的语言体系中。例如，佛教的传入为汉语带来了大量佛教词汇和语法结构；西方文化的传入则为汉语带来了大量科学、技术等方面的词汇。

二、近现代汉语词汇的变革与演变

近现代以来，中国社会经历了前所未有的巨大变革，这一历史进程深刻地影响了汉语词汇的发展轨迹。从晚清到民国，再到新中国成立后至今，汉语词汇在吸收外来词汇、创造新词、词义演变等方面展现出了鲜明的时代特色和丰富的文化内涵。

（一）近现代汉语词汇变革的背景

晚清以来，中国经历了封建社会的解体、民族危机的加深、辛亥革命的爆发、新中国的成立等一系列重大社会政治变革。这些变革不仅改变了中国的政治格局，也促进了人们思想观念的更新，为汉语词汇的变革提供了动力。随着工业化的推进、市场经济的建立及科学技术的飞速发展，新的经济形态、生产方式、科技成果不断涌现，迫切需要新的词汇来描述和表达。同时，全球化进程的加速也使得中国与世界各国的经济文化交流日益频繁，外来词汇大量涌入。

近现代以来，随着教育事业的普及和发展，人们的文化水平普遍提高，对语言表达的要求也日益增强。这促使了汉语词汇的丰富和细化，以满足不同领域、不同层次的表达需求。在全球化背景下，汉语与其他语言的接触更加频繁，语言间的相互影响和融合也更加深入。这既为汉语词汇的变革提供了丰富的资源，也对其保持独立性和纯洁性提出了挑战。

（二）近现代汉语词汇变革的主要特点

近现代以来，随着社会的快速发展和人们认知的不断深化，大量新词被创造出来以描述新事物、新概念和新现象。这些新词既包括直接反映社会现实的词汇（如"互联网""智能手机"等），也包括通过引申、比喻等方式产生的词汇（如"瓶颈""绿灯"等）。在全球化进程中，英语等西方语言中的词汇大量涌入中国，成为汉语词汇的重要组成部分。这些外来词汇有的直接音译（如"沙发""咖啡"等），有的则经过意译或音译加意译的方式融入汉语（如"民主""科学"等）。外来词汇的引入不仅丰富了汉语词汇的词汇量，也促进了汉语表达方式的多样化和国际化。

随着社会的进步和人们认知的变化，许多汉语词汇的词义也发生了演变。有的词汇词义范围扩大或缩小；有的词汇词义发生了转移（如"同志"一词原指志同道合的人，现代则成为中国共产党党内或特定团体成员的称呼）；还有的词汇产生了新的引申义或比喻义（如"下海"原指出海航行，现代则引申为放弃原有工作而经营商业）。近现代以来，汉语词汇的构词法也呈现出多样化的趋势。除了传统的偏正、联合、动宾等构词方式外，还出现了许多新的构词法如缩略、派生、重叠等。这些新的构词法不仅提高了汉语词汇的生成能力，也丰富了汉语词汇的表达形式。

（三）近现代汉语词汇变革的具体表现

随着科学技术的飞速发展，大量科技词汇被创造出来并广泛应用于各个领域。这些词汇有的直接来源于英语等外语词汇的音译或意译（如"计算机""互联网"等），有的则是通过汉语自身的构词法创造出来的（如"人工智能""量子纠缠"等）。政治词汇是反映社会政治变革的重要窗口，近现代以来，随着政治体制的变化和民主化进程的推进，许多政治词汇的词义发生了演变或产生了新的政治词汇。例如，"民主""共和"等词汇在近现代中国政治生活中占据了重要地位；"改革""开放"等词汇则成为改革开放以来中国政治经济发展的关键词汇。

社会生活词汇是反映人们日常生活和社会变迁的重要方面。近现代以来，随着人们生活方式的改变和社会观念的更新，大量社会生活词汇被创造出来并广泛应用于日常生活中。例如,"网购""外卖"等词汇反映了现代人的生活方式;"环保""低碳"等词汇则体现了人们对环境保护和可持续发展的关注。随着互联网技术的普及和发展,网络词汇作为一种新兴的语言现象迅速崛起并广泛传播。这些词汇有的来源于网络用语中的谐音、缩写或错别字(如"囧""鸭梨"等),有的则是通过特定的网络语境和表达方式创造出来的(如"打 call""种草"等)。网络词汇的兴起不仅丰富了汉语词汇的词汇量,也反映了网络时代人们的思维方式和表达习惯。

三、当代汉语词汇的新特点与趋势

在当代社会,随着科技的飞速发展、全球化的深入推进及社会文化的多元融合,汉语词汇展现出了一系列新的特点和趋势。这些变化不仅反映了社会的快速发展和人们认知的深化,也推动了汉语表达方式的丰富与创新。

(一)当代汉语词汇的新特点

随着新事物、新概念和新现象的不断出现,当代汉语中涌现出大量新词。这些新词涵盖了科技、经济、文化、社会等各个领域,如"人工智能""区块链""元宇宙""共享经济"等。这些新词不仅丰富了汉语的词汇量,也为人们准确描述和表达新事物提供了便利。全球化背景下,汉语与外语的接触日益频繁,大量外来词汇通过音译、意译或音译加意译的方式融入汉语。这些外来词汇不仅丰富了汉语的表达方式,也促进了不同文化之间的交流与融合。例如,"咖啡""沙发""摇滚"等英语词汇已成为汉语中的常用词汇。

互联网的普及和社交媒体的发展为网络词汇的兴起提供了肥沃的土壤。网络词汇以其新颖、生动、简洁的特点迅速在年轻人中流行开来。这些词汇往往来源于网络用语、网络事件或网络文化,如"网红""佛系""躺平""yyds"等。网络词汇的兴起不仅反映了网络时代人们的思维方式和表达习惯,也促进了汉语表达的多样化。

当代汉语词汇还具有明显的地域性特点。地域性词汇反映了不同地区的文化特色和风俗习惯，例如，"东北话"中的"咋整""溜达"等词汇在东北地区广泛使用。

（二）当代汉语词汇的未来发展趋势

随着社会的不断发展和科技的持续进步，新事物、新概念和新现象将不断涌现。这将促使当代汉语词汇继续丰富和多样化。未来我们将看到更多反映时代特征和社会变迁的新词出现，这些新词将涵盖更广泛的领域和更丰富的内涵。随着中国在国际舞台上的地位不断提高及全球化的深入推进，一些反映中国文化和特色的词汇将逐渐被国际社会接受并成为国际通用词汇。例如，"功夫""太极"等词汇已在全球范围内广泛传播并成为代表中国文化的符号。未来我们将看到更多具有中国特色的词汇走向世界舞台。

网络作为当代社会的重要信息传播平台将继续对汉语词汇产生深远影响。网络词汇以其新颖、生动、简洁的特点将继续在年轻人中流行并推动汉语表达的多样化和创新。同时，随着网络技术的不断发展，新的网络现象和网络文化也将不断催生新的网络词汇。随着汉语词汇的丰富和多样化，规范化与标准化需求也将不断增强。新词的涌现和外来词汇的融入虽然丰富了汉语的表达方式，但也给汉语的规范化和标准化带来了挑战。未来我们需要加强新词的规范化和标准化工作，以确保汉语表达的准确性和规范性。

在全球化的背景下，不同文化之间的交流与融合将更加深入。这将促使汉语词汇在保持自身特色的同时，吸收和借鉴其他文化的有益成分，从而丰富和发展自身。例如，随着中西方文化的交流与融合，一些具有西方文化背景的外来词汇将被赋予新的文化内涵，并在汉语中广泛使用。科技的快速发展将继续成为推动汉语词汇创新的重要动力。随着人工智能、大数据、云计算等技术的广泛应用，新的科技词汇将不断涌现并深刻影响汉语的表达方式。同时科技也将为汉语词汇的创造和传播提供更加便捷和高效的工具、从而推动汉语词汇的快速发展。

四、汉语词汇历史沿革的文化内涵

汉语词汇作为汉语的核心组成部分，其历史沿革不仅是一部语言发展的编年史，更是中华民族悠久历史、深厚文化和独特心理结构的生动写照。从远古的甲骨文、金文，到现代的简体字、网络用语，汉语词汇的每一次变迁都承载着丰富的文化内涵，反映了社会变迁、思想演进、审美取向及民族精神的传承与发展。

（一）词汇的生成与淘汰：社会变迁的镜像

汉语词汇的生成与淘汰，是社会发展最直接的语言反映。随着生产力的提高、社会制度的变革及科技文化的进步，新的概念、事物和现象不断涌现，促使新词汇的产生。这些新词汇往往带有鲜明的时代特征，如"改革开放""市场经济""互联网＋"等，它们不仅记录了社会发展的轨迹，也推动了语言的更新与丰富。

同时，一些旧词汇因失去其指代的现实基础而逐渐淡出人们的视野，甚至被淘汰。这种淘汰并非简单的语言现象，而是社会变迁、文化转型在语言层面的深刻体现。例如，"科举""衙门"等词汇的消失，标志着封建社会的终结和现代社会制度的建立；而"马车""煤油灯"等词汇的淡出，则反映了科技进步和生活方式的变革。

（二）词汇的命名与构造：文化心理的映射

汉语词汇的命名与构造方式，蕴含着深厚的文化心理。汉民族在命名事物时，往往追求形象生动、寓意深远，体现了对自然、社会及人生的独特理解和感悟。例如，以"龙"命名的词汇如"龙舟""龙袍""龙凤呈祥"等，不仅因为龙是中华民族的图腾，更因为龙象征着力量、智慧和吉祥，寄托了人们对美好生活的向往和追求。

此外，汉语词汇的构造方式也反映了汉民族的文化心理。例如，并列式构词"天地""日月""山水"等，体现了汉民族对自然界的敬畏与和谐共生的理念；偏正式构词"春风""秋雨""明月"等，则通过修饰与限制，突出了事物的特征，表达了人们对自然美的细腻感受。

（三）词汇的借用与融合：文化交流的桥梁

汉语词汇的历史沿革中，不乏外来词汇的借用与融合。这种借用与融合不仅丰富了汉语词汇的宝库，也促进了不同文化之间的交流与理解。从古代的佛教词汇如"因果""轮回""菩萨"等，到近现代的西方科技词汇如"科学""民主""自由"等，这些外来词汇的引入不仅满足了汉语表达新事物的需要，也促进了中西文化的交流与融合。

值得注意的是，汉语词汇在借用外来词汇时并非全盘接受，而是经过了一定的改造和融合，使之更符合汉语的表达习惯和文化背景。这种改造与融合不仅体现了汉民族的文化自信和创新精神，也展示了汉语词汇强大的生命力和包容性。

（四）词汇的意义演变：文化传统的传承

汉语词汇的意义演变是一个复杂而漫长的过程。在这个过程中，词汇的意义往往随着社会的变迁、文化的演进及人们认知水平的提高而发生变化。这种变化不仅反映了语言的发展规律，也承载了丰富的文化传统和历史记忆。

以"礼"为例，在古代中国，"礼"是维护社会秩序和人际关系的重要准则。它涵盖了社会生活的方方面面，从国家大典到日常起居都有严格的规定。随着时代的变迁，"礼"的意义逐渐从外在的仪式规范转向内在的道德修养和人格完善。这种演变不仅体现了汉民族对道德品质的重视和追求，也传承了中华民族"以礼治国""以礼修身"的优良传统。再如"孝"，作为中华民族的传统美德之一，"孝"在汉语词汇中一直占据着重要地位。从古代的"二十四孝"故事到现代的"尊老爱幼"观念,"孝"的意义始终贯穿中华民族的文化传统。它不仅是家庭伦理的核心内容之一,也是社会道德的重要基石之一。通过"孝"这一词汇的意义演变,我们可以清晰地看到中华民族对家庭、社会和国家的深厚情感和责任担当。

第三节 汉语词汇的研究意义

一、汉语词汇研究对语言学理论的贡献

汉语词汇作为汉语的重要组成部分,其研究在语言学领域中占据了举足轻重的地位。从古至今,汉语词汇研究不仅推动了汉语语言学自身的发展,还对语言学理论产生了深远的影响。

(一)深化语言本质与规律的理解

语言是人类交流思想的工具,而词汇作为语言的基本单位,其研究有助于我们更深入地理解语言的本质和规律。汉语词汇研究通过对词语的构造、意义、演变等方面的探讨,揭示了语言符号与所指对象之间的复杂关系,以及语言如何反映和塑造人类思维和文化。

例如,汉语词汇的构词法研究揭示了汉语中丰富的词法模式和词汇生成的机制,如并列式、偏正式、动宾式等构词方式,这些研究不仅丰富了语言学的构词理论,还为我们理解语言的创造性和多样性提供了重要视角。同时,汉语词汇的语义研究则揭示了词义的多样性、模糊性和变化性,这些研究对于理解语言的语义系统和人类认知的复杂性具有重要意义。

(二)推动语言学理论的发展与创新

汉语词汇研究在推动语言学理论的发展与创新方面发挥了重要作用。随

着语言学研究的不断深入，词汇研究逐渐从传统的描写性研究转向解释性研究，注重探讨词汇背后的认知机制、社会文化背景及语言演变的规律。

例如，认知语言学将词汇视为人类认知的基本单位，通过词汇研究来探讨人类思维、记忆、分类等认知过程。汉语词汇研究在这一领域取得了丰硕成果，如通过隐喻、转喻等认知机制来解释词义的演变和扩展，为认知语言学的理论构建提供了有力支持。同时，汉语词汇研究还注重与心理学、社会学、人类学等学科的交叉融合，推动了语言学理论的跨学科发展。

（三）丰富语言类型学的研究视角

语言类型学是研究不同语言之间共性和差异性的学科。汉语词汇研究作为汉语语言学的重要组成部分，为语言类型学提供了丰富的研究材料和视角。

首先，汉语词汇的丰富性和多样性为语言类型学提供了宝贵的研究资源。汉语拥有庞大的词汇量、复杂的词法模式和丰富的语义表达，这些特点使得汉语词汇研究成为语言类型学研究的重要对象之一。通过对汉语词汇的跨语言比较和类型学研究，可以揭示不同语言在词汇系统、构词法、词义演变等方面的共性和差异性，为语言类型学的理论构建提供有力支持。其次，汉语词汇研究还推动了语言类型学研究方法的创新。传统的语言类型学研究往往注重语言现象的描写和分类，而汉语词汇研究则注重从认知、文化、社会等多个角度探讨词汇现象背后的机制和规律。这种多元化的研究方法不仅丰富了语言类型学的研究手段，也为其提供了更为深入和全面的研究视角。

（四）促进语言教学与应用的发展

汉语词汇研究对语言教学与应用的发展也具有重要意义。随着全球化的不断深入和跨文化交流的日益频繁，汉语作为国际语言的重要性日益凸显。汉语词汇研究为汉语教学提供了丰富的教学资源和理论支持，有助于提高汉语教学的有效性和针对性。

首先，汉语词汇研究为词汇教学提供了科学的方法和策略。通过对汉语词汇的构造、意义、用法等方面的深入研究，可以帮助学生更好地掌握汉语词汇的规律和特点，提高词汇学习的效率和质量。同时，汉语词汇研究还注重与实际应用相结合，通过词汇的语用分析、语境教学等方法，培养学生的语言运用能力和交际能力。其次，汉语词汇研究还推动了汉语辞书编纂和语料库建设的发展。汉语辞书是汉语学习和研究的重要工具之一，而汉语词汇研究则为汉语辞书的编纂提供了丰富的词汇资源和理论支持。同时，随着信息技术的不断发展，语料库建设在语言学研究中的地位日益重要。汉语词汇研究通过构建大型汉语语料库和词汇数据库，为语言学研究提供了丰富的语言资源和数据支持，推动了语言学研究的数字化和智能化发展。

二、汉语词汇研究对汉语教学的启示

汉语词汇研究对汉语教学的启示是一个深邃而广阔的议题，它不仅关乎语言知识的传授，更触及文化传承、思维方式理解、跨文化交际能力等多个层面。

（一）词汇的文化内涵与语言教学

汉语词汇中蕴含着丰富的文化内涵，特别是成语、俗语、歇后语等，它们往往承载着特定的历史故事、哲学思想或社会习俗。在汉语教学中，深入挖掘这些词汇背后的文化意义，不仅能够激发学生的学习兴趣，还能帮助他们更深刻地理解中国文化和民族心理。例如，"画蛇添足"不仅是一个生动的语言形象，更蕴含了"多此一举，反而坏事"的哲理，通过讲解其来源和寓意，能够促进学生跨文化意识的培养。

不同文化背景下的词汇往往带有独特的色彩和用法，这在教学中需要特别注意。比如，"龙"在中国文化中象征着尊贵、力量与吉祥，而在西方文化中则可能被视为邪恶的象征。因此，在教授此类词汇时，教师应引导学生理解并尊重文化差异，培养他们的跨文化交际能力。

（二）词汇的系统性与教学策略

汉语词汇虽然数量庞大，但并非杂乱无章，而是按照一定的规律组织起来的。这包括词汇的构词法（如合成词、派生词）、语义场（如亲属称谓、颜色词等），以及词汇的层级关系（如基本词汇与一般词汇）。在教学中，教师可以通过这些系统性特征，帮助学生建立词汇网络，提高词汇学习效率。例如，利用词根、词缀等构词法知识，可以帮助学生推测新词的词义，扩大词汇量。

词汇的意义往往依赖于具体的语境。因此，在汉语教学中，教师应注重将词汇置于具体的语言环境中进行教学，让学生在真实的或模拟的语境中理解、记忆和运用词汇。这可以通过角色扮演、情景对话、阅读理解等多种形式实现，有助于提高学生的语言综合运用能力。

（三）词汇的动态性与教学创新

随着社会的快速发展，汉语词汇也在不断更新和丰富。新词新语的大量涌现，既是语言活力的体现，也是对汉语教学提出的新挑战。在教学中，教师应关注新词新语的出现，及时将其纳入教学内容，帮助学生了解当代中国的社会变迁和文化发展。同时，引导学生正确看待和使用新词新语，培养他们的语言规范意识。

在信息化时代，多媒体和数字技术为汉语教学提供了丰富的资源和手段。教师可以利用这些技术，创设生动、直观的教学情景，提高词汇教学的趣味性和有效性。例如，通过视频、音频、图片等多媒体材料展示词汇的实际运用场景；利用在线词典、词汇学习 App 等数字工具，帮助学生随时随地学习词汇。

（四）词汇教学与思维能力的培养

词汇是思维的载体，不同的词汇选择和使用方式反映了不同的思维方式。

在汉语教学中，通过词汇教学可以引导学生了解中国人的思维方式，培养他们的逻辑思维、批判性思维和创造性思维。例如，通过分析成语、谚语等中的逻辑关系和哲理内涵，可以锻炼学生的逻辑思维能力；通过鼓励学生用汉语表达自己的观点和想法，可以培养他们的创造性思维。

词汇不仅是语言的基本单位，也是文化认同的重要标志。在汉语教学中，通过词汇教学可以增强学生的文化认同感。当学生能够熟练使用汉语词汇表达自己的想法和感受时，他们不仅掌握了语言技能，更在无形中加深了对中国文化的理解和认同。这种文化认同感的形成对于培养学生的跨文化交际能力具有重要意义。

三、汉语词汇研究对文化传承的价值

在浩瀚的中华文化长河中，汉语作为中华民族的精神家园和文化载体，承载着数千年的文明积淀与智慧结晶。而汉语词汇，作为汉语的基本构成单元，不仅是语言交流的工具，更是文化传承的重要媒介。汉语词汇研究，通过深入挖掘词汇的历史演变、文化内涵、社会功能等多个方面，对于传承和弘扬中华文化具有不可估量的价值。

（一）词汇的历史演变与文化传承的连续性

汉语词汇的历史演变是一个动态而复杂的过程，它随着社会的变迁、历史的演进而不断发生变化。通过对古汉语、近代汉语及现代汉语词汇的对比研究，可以清晰地看到词汇在不同历史时期的形态、意义及用法变化。这种历时性研究不仅有助于我们理解汉语发展的脉络，更能够揭示出词汇背后所蕴含的文化变迁和社会进步的信息。例如，从"车马"到"汽车""火车"，从"书信"到"电子邮件"，这些词汇的更替不仅反映了交通工具和通信方式的变革，也映射出社会生产力的发展和人们生活方式的变迁。

词汇的历史演变是文化传承连续性的重要体现。许多古汉语词汇虽然在现代汉语中不再常用或意义已经发生转变，但它们所承载的文化信息却得以保留和传承。例如，"龙"作为中华民族的象征，其形象和意义在汉语词汇中得到了广泛的体现和传承，无论是"龙凤呈祥""龙马精神"还是"望子成龙"，都蕴含着深厚的文化内涵和民族情感。这种文化传承的连续性使得我们能够跨越时空的界限，与古人进行心灵的对话和文化的交流。

（二）词汇的文化内涵与文化传承的深度

汉语词汇中蕴含着丰富的文化象征意义，这些意义往往与中国的历史、哲学、宗教、艺术等密切相关。例如，"梅兰竹菊"被誉为"四君子"，分别象征着高洁、清雅、坚韧和淡泊的品质；而"岁寒三友"则指松、竹、梅三种植物，在寒冬中依然挺立不倒，象征着坚韧不拔的精神和友谊的珍贵。这些词汇不仅具有语言上的表达功能，更承载着深厚的文化意蕴和民族情感，成为文化传承的重要载体。

通过词汇的文化内涵研究，我们可以更深入地了解中华文化的精髓和特色。例如，成语作为汉语词汇中的瑰宝，不仅语言精炼、形象生动，而且蕴含着丰富的历史典故和哲理思想。通过学习和运用成语，可以更好地理解古人的智慧和思维方式，感受中华文化的博大精深。同时，成语的广泛传播和使用也促进了中华文化的传承和弘扬，使得这种文化精神得以跨越时空的界限而历久弥新。

（三）词汇的社会功能与文化传承的广度

词汇作为社会生活的直接反映，其变化和发展往往与社会变迁密切相关。通过对词汇的社会功能的研究，可以了解不同历史时期的社会状况、价值观念、风俗习惯等。例如，"改革开放"一词的出现标志着中国进入了一个新的历史时期；"互联网＋"则反映了当代社会信息化、网络化的发展趋势。这些词汇不仅记录了社会变迁的历程，也为我们理解当代社会提供了重要的线索和依据。

词汇的社会功能研究有助于拓展文化传承的广度，提高中华文化的影响力。随着全球化的深入发展，汉语和中华文化在国际上的影响力日益增强。通过推动汉语词汇的学习和使用，可以让更多的人了解中华文化的独特魅力和价值观念，促进不同文化之间的交流和融合。同时，汉语词汇中所蕴含的文化精神和智慧也可以为其他文化提供有益的借鉴和启示，推动人类文明的共同进步和发展。

（四）词汇研究对文化传承的推动作用

词汇研究作为语言学研究的重要组成部分，具有重要的学术价值。通过对汉语词汇的深入研究和分析，可以揭示出汉语语言系统的内在规律和特点，为汉语教学、翻译、词典编纂等领域提供重要的理论支持和实践指导。同时，词汇研究也有助于我们更好地理解中华文化的历史渊源和发展脉络，为文化传承提供坚实的学术基础。

词汇研究的实践意义在于推动文化传承的深入发展。通过加强词汇教学、推广词汇学习、开展词汇研究等活动，可以激发人们对中华文化的兴趣和热爱，提高他们的文化素养和跨文化交际能力。同时，这些活动也有助于促进中华文化的国际传播和交流，增强中华文化的国际影响力和竞争力。

四、汉语词汇研究对社会发展的作用

汉语词汇作为汉语这一博大精深语言系统的基石，不仅是人们日常交流的工具，更是社会历史、文化、科技等多方面发展的忠实记录者。随着社会的不断进步和变革，汉语词汇也在不断丰富和发展，其研究对于理解社会发展脉络、推动社会进步具有重要意义。

（一）反映社会变迁，记录历史进程

语言是社会生活的镜像，而词汇则是这面镜子中最细腻、最敏感的部分。社会的发展、变迁，无论是政治制度的变革、经济模式的转型，还是科技文化的进步、社会思潮的涌动，都会在词汇中得到直接或间接的反映。例如，

"改革开放"一词的出现，标志着中国进入了一个全新的历史阶段，它不仅是政治决策的体现，更是社会经济文化全面变革的起点。再如，"互联网＋"作为近年来兴起的词汇，反映了信息化、网络化时代的特点，以及互联网技术在各行各业中的广泛应用和深度融合。

汉语词汇的历时性研究，不仅揭示了词汇本身的演变规律，更通过词汇的变化轨迹，为我们描绘出一幅幅生动的历史画卷。通过对汉语词汇的历时性研究，我们可以更好地理解历史，把握社会发展的脉络。

（二）推动文化交流，促进文化融合

词汇作为文化的载体，承载着丰富的文化内涵和民族情感。在全球化日益加深的今天，汉语词汇的研究和推广对于中华文化的国际传播具有重要意义。通过学习和使用汉语词汇，外国人可以更加深入地了解中国的历史文化、风俗习惯、价值观念等，从而增进对中国的了解和认同。同时，汉语词汇中的许多概念、表达方式等也被其他语言所借用和融合，成为人类共同的文化财富。

词汇研究不仅关注词汇本身的意义和用法，还关注词汇在不同文化背景下的差异和共性。通过对不同语言中词汇的对比研究，可以更好地理解不同文化之间的差异和联系，促进文化之间的交流和融合。例如，在翻译过程中，译者需要充分考虑两种语言在词汇选择、表达方式等方面的差异，以确保译文既能准确传达原文的意思，又能符合目标语言的文化习惯和表达习惯。这种跨文化的交流和融合有助于推动社会的多元化和包容性发展。

（三）促进科技创新，助力经济发展

随着科技的飞速发展，大量新的科技词汇不断涌现。这些词汇不仅丰富了汉语词汇系统，更为科技创新提供了有力的语言支持。例如，"人工智能""大数据""云计算"等词汇的出现，不仅反映了科技领域的最新进展，也为相关产业的发展提供了重要的概念支撑和理论指导。通过对这些科技词汇的

研究和应用，可以更好地把握科技发展的方向和趋势，推动科技创新和产业升级。

经济词汇是反映社会经济发展状况的重要窗口。通过对经济词汇的研究和分析，可以了解经济发展的最新动态和趋势，为政府决策和企业经营提供有力的参考。例如，"数字经济""共享经济""绿色经济"等词汇的兴起，不仅反映了经济发展的新模式和新业态，也为相关产业的发展提供了重要的政策导向和市场机遇。通过对这些经济词汇的深入研究和应用，可以更好地推动经济社会的可持续发展。

（四）丰富教育体系，提升教育质量

词汇教学是语言教学的重要组成部分。通过对汉语词汇的深入研究和教学，可以帮助学生更好地掌握汉语的基本知识和技能，提高他们的语言运用能力和跨文化交际能力。同时，词汇教学也有助于培养学生的文化素养和人文精神，促进他们的全面发展。因此，加强汉语词汇研究对于提升教育质量、培养高素质人才具有重要意义。

词汇研究不仅关注词汇本身的特点和规律，还关注词汇在教育教学中的应用和实践。通过对词汇教学的深入研究和分析，可以发现传统教学模式中存在的问题和不足，为教育改革提供有益的启示和借鉴。例如，在词汇教学中注重培养学生的自主学习能力、创新思维能力、批判性思维能力等，可以帮助学生更好地适应未来社会的发展需求。同时，将词汇教学与文化传承、科技创新等相结合，也可以为教育改革注入新的活力和动力。

第四节　汉语词汇的分类方法

一、汉语词汇按词义分类的方法与实例

汉语词汇按词义分类是一个复杂而精细的过程，它涉及对词汇意义的深

入理解与剖析。在汉语中，词义不仅包含了词汇的基本含义，还涵盖了词汇的语法功能、色彩意义及在不同语境中的具体运用。

（一）词义分类的基础与方法

1. 词义的基本构成

词义是词所负载的信息，包括词汇意义和语法意义。词汇意义是词所表示的概念内容，而语法意义则与词的语法功能相关。词义具有概括性、模糊性、民族性等特点，这些特点使得词义分类变得既必要又复杂。

2. 分类的标准与依据

词义分类的标准多种多样，但主要可以归纳为以下三种。

① 概念义（理性义）：这是词义中最核心的部分，表示词所指称的事物或现象的本质特征。

② 色彩义（附属义）：包括感情色彩、语体色彩和形象色彩，这些色彩义为词汇增添了丰富的表达效果。

③ 语法功能：词在句子中所充当的成分和所起的作用，也是词义分类的重要依据。

3. 具体的分类方法

① 按概念义分类：将词义按照其所表示的概念进行分类，如表示人、事物、动作、性质、状态等。

② 按色彩义分类：根据词汇所附带的感情色彩、语体色彩和形象色彩进行分类。

③ 按语法功能分类：根据词在句子中的语法作用进行分类，如名词、动词、形容词等。

（二）词义分类的实例分析

1. 按概念义分类的实例

① 名词：表示人、事物、概念等的词语。例如，"人"表示具有智慧、

能制造和使用工具进行劳动的高等动物；"书"表示记载和传递信息的媒介。

②动词：表示动作、行为、发展、变化的词语。例如，"走"表示人或动物移动双脚前进；"学习"表示通过实践或阅读等方式获取知识或技能。

③形容词：表示事物的性质、状态等的词语。例如，"美丽"表示外观或内在品质上的美好；"快速"表示速度上的迅速。

2. 按色彩义分类的实例

（1）感情色彩

①褒义词：带有赞扬、喜爱等积极感情色彩的词，例如，"英勇"表示勇敢无畏；"美丽"表示外观上的美好。

②贬义词：带有贬斥、厌恶等消极感情色彩的词，例如，"狡猾"表示诡计多端；"丑陋"表示外观上的不美好。

③中性词：不带明显感情色彩的词，例如，"桌子"仅表示一种家具；"学习"仅表示获取知识或技能的行为。

（2）语体色彩

①书面语色彩：多用于正式场合或书面表达的词，例如，"邂逅"表示不期而遇；"徜徉"表示自由自在地行走。

②口语色彩：多用于日常口语交流的词。例如，"溜达"表示散步；"瞅瞅"表示看看。

（3）形象色彩

①形态形象色彩：通过形态来描绘事物的词，例如，"狮头鹅"形象地描绘了鹅的头部形态；"云海"则描绘了云的广阔与壮观。

②动态形象色彩：通过动作来描绘事物的词，例如，"垂柳"描绘了柳树枝条下垂的动态美；"上钩"则形象地描绘了鱼儿被钓起的过程。

③颜色形象色彩：通过颜色来描绘事物的词，例如，"碧空"描绘了天空的清澈与碧绿；"黄莺"则通过颜色来描绘鸟类的特征。

④声音形象色彩：通过声音来描绘事物的词，例如，"布谷鸟"通过其特有的叫声来命名；"乒乓球"则通过球击打时发出的声音来命名。

3. 按语法功能分类的实例

① 名词：在句子中通常作为主语、宾语、定语等成分使用，例如，"我买了一本书"（宾语）、"这是一本好书"（定语）。

② 动词：在句子中通常作为谓语使用，表示动作或状态，例如，"他正在学习"（谓语）、"学习很重要"（主语）。

③ 形容词：在句子中通常作为定语或状语使用，用于修饰名词或动词，例如，"美丽的花园"（定语）、"他走得很快"（状语）。

④ 副词：用于修饰动词、形容词或其他副词，表示时间、地点、程度、方式等，例如，"他昨天去了学校"（时间副词）、"他非常高兴"（程度副词）。

（三）词义分类的复杂性与多样性

汉语词汇的词义分类并非一成不变，而是随着语言的发展和社会的变化而不断演变。多义词的存在使得词义分类变得更加复杂。多义词具有多个相互关联但又有所区别的意义，这些意义在不同的语境中可能表现出不同的色彩义和语法功能。

例如，"海"这个词在基本义上指的是大洋靠近陆地的部分，但在引申义上可以指代"大的"或"数量众多"的概念。在"你真是海量！"这句话中，"海"就带有明显的夸张和褒义色彩；而在"这课书很深，不太容易理解"这句话中，"深"则用来形容内容的复杂性和难度，与"海"的基本义无直接关联。此外，汉语词汇的词义还受到语境、修辞手法、文化背景等多种因素的影响。在不同的语境中，同一个词可能表现出不同的意义和色彩；在修辞手法中，如比喻、借代等手法的运用也使得词义变得更加丰富和多样。

二、汉语词汇按词形分类的方法与特点

汉语词汇作为世界上最为丰富和复杂的语言系统之一，其分类方法和特点体现了汉语独特的语言魅力和表达力。

（一）汉语词汇按词形分类的方法

1. 单纯词与合成词

汉语词汇按词形结构可大致分为单纯词和合成词两大类。单纯词是指由一个语素构成的词，这些词在形式上不可分割，如"山""水""人"等。单纯词在汉语中数量相对较少，但它们是构成汉语词汇的基础单元。

合成词则是由两个或两个以上的语素通过一定方式组合而成的词。合成词在汉语词汇中占据主导地位，其构词方式灵活多样，包括并列式（如"朋友""道路"）、偏正式（如"火车""新书"）、述宾式（如"吃饭""看书"）、述补式（如"提高""说明"）、主谓式（如"地震""海啸"）等。合成词的大量存在，极大地提高了汉语词汇的表达力。

2. 词根与词缀

在合成词中，词根和词缀的运用也是汉语词汇构词的一大特点。词根是构成合成词的核心部分，它本身具有一定的意义，如"电"在"电灯""电视"中都是词根。词缀则是附加在词根上的语素，它本身没有独立的意义，但能够改变词根的词性或增加词汇的附加意义，如前缀"非-"（非常规）、"超-"（超级），后缀"-子"（桌子）、"-性"（可能性）。词根与词缀的组合，使得汉语词汇的构词能力极为强大，能够不断产生新词以适应社会发展的需要。

（二）汉语词汇按词形分类的特点

汉语词汇量极为丰富，这得益于其灵活的构词方式。从单音节词到多音节词，汉语词汇涵盖了各种长度的词形。其中，双音节词在现代汉语中占据主导地位，这既体现了汉语词汇的构词习惯，也增加了词汇表达的美感和节奏感。通过词根复合、派生、重叠等多种构词手段，汉语词汇能够不断产生新词，以满足语言交际的需要。汉语词汇的词性分类明确，包括名词、动词、形容词、数词、量词、代词、副词、介词、连词、助词、叹词、拟声词等。每种词性都有其特定的语法功能和语义特点。例如，名词表示人或事物的名称，动词表示行为动作或发展变化，形容词描述名的性质、特征等。这些词性在句子中各司其职，共同构成了汉语丰富的语法结构和表达功能。

在汉语词汇中，双音节词占据了主导地位。这既体现了汉语词汇的构词习惯，也增加了词汇表达的准确性和生动性。同时，多音节词在汉语词汇中也占有一定比例，尤其是四字成语的大量存在，使得汉语词汇在表达上更加凝练和富有韵味。四字成语作为汉语特有的语言现象，其结构紧凑、寓意深刻，是汉语词汇宝库中的瑰宝。从词义来看，汉语以单义词为主，这有助于语言的清晰和精确。单义词只表示一个意义，减少了歧义的可能性，使得语言交际更加顺畅。当然，汉语词汇中也不乏多义词的存在，但这些多义词在不同的语境下往往有不同的解释和用法，需要通过上下文来判断其具体意义。

汉语词汇在保持稳定性的同时，也具有一定的变化性。基本词汇具有稳定性，很少发生变化；但随着社会发展和语言接触的不断深入，新的词汇不断出现并融入汉语词汇系统。这种稳定性与变化性并存的特点，使得汉语词汇既能够传承历史文化传统，又能够不断适应社会发展的需要。在处理异形词时，现代汉语词典通常会以推荐词形立目并做注解，非推荐词形则加括号附列于推荐词形之后或在同一大字头下的非推荐词形不再出条。这种规范处理异形词的方式，有助于维护汉语词汇的规范性和一致性。

三、汉语词汇按词性分类的标准与意义

汉语词汇的词性分类，作为语言学中的一个基本概念，对于理解汉语的结构规律和运用汉语进行表达具有重要意义。

（一）汉语词汇按词性分类的标准

语法功能是划分汉语词性的主要标准，词的语法功能指的是词与词的组合能力及充当句法结构成分的能力。实词，如名词、动词、形容词、数词、量词和代词，通常能够独立充当句子成分，具有明确的词汇意义和语法意义。例如，名词可以作主语和宾语，动词可以作谓语，形容词可以作定语、表语

等。而虚词，如副词、介词、连词、助词、叹词和拟声词，则主要起辅助实词表达语法关系或情感色彩的作用，不能独立充当句子成分。虽然汉语属于分析语，缺乏形态变化，但形态变化在一定程度上仍可作为词性分类的参考标准。例如，部分副词、助词在书写形式上具有一定的标志性，如时间副词"曾经""正在"等，结构助词"的""地""得"等。这些形态标志有助于识别词性，但需要注意的是，形态变化并不是汉语词性分类的决定性因素。

词的意义也是词性分类的一个重要参考标准。虽然单纯依据意义划分词性存在局限性，因为意义具有模糊性和多义性，但词的基本意义对于理解词性仍具有指导作用。例如，名词通常表示人或事物的名称，动词表示动作、行为或状态，形容词描述事物的性质、状态、特征等。通过结合词的意义和语法功能，可以更准确地判断词性。在实际应用中，词性分类往往需要综合考虑多个标准。王力先生曾提出，汉语划分词类的三个标准应相互结合：词义在汉语划分中是能起一定作用的，应注意将词的基本意义与形态、句法统一起来；应优先应用形态（如果有形态的话），包括构形性质和构词性质；句法标准（包括词的综合能力）应是最重要的标准，在不能用形态变化的地方，句法标准起决定作用。这种多标准综合的方法有助于提高词性分类的科学性和准确性。

（二）汉语词汇按词性分类的意义

词性分类是理解和运用汉语语法的基础。通过词性分类，可以清晰地揭示汉语句子的结构规律和各类词的用法。例如，名词、动词、形容词等实词在句子中充当不同的成分，形成了句子的主干；而副词、介词、连词等虚词则通过连接和修饰作用，使句子结构更加完整和丰富。词性分类有助于我们把握汉语语法的整体框架和细节特征。词性分类对于提高语言表达的准确性具有重要意义。不同的词性在语法上有着不同的用法和意义，准确判断词性有助于我们选择合适的词语和表达方式。例如，在描述一个事物时，我们需要根据事物的性质、状态或特征选择合适的形容词；在表达动作、行为或状态时，则需要选择合适的动词。词性分类有助于我们避免词性误用和语法错误，提高语言表达的准确性和规范性。

汉语词汇的词性分类还丰富了语言表达的多样性。通过运用不同词性的词语和表达方式，可以构建出丰富多彩、生动形象的句子和篇章。例如，通过运用拟声词和叹词，可以模拟自然界或生活中的声音和情感反应；通过运用副词、介词等虚词，可以表达更加复杂和细腻的情感和逻辑关系。词性分类为我们提供了丰富的语言资源和表达手段，使我们能够根据需要选择合适的词语和表达方式。词性分类对于汉语教学和研究也具有重要价值。在汉语教学中，词性分类有助于学生掌握汉语的语法结构和词汇用法，提高语言表达能力和阅读理解能力。通过词性分类教学，学生可以更加系统地学习汉语语法知识，掌握各类词的用法和搭配规律。同时，词性分类也为汉语研究提供了重要的理论框架和分析方法。通过对词性分类的深入研究，可以揭示汉语语法的内在规律和特点，推动汉语语言学的不断发展。在全球化的背景下，汉语作为一种重要的国际语言，其词性分类体系对于促进跨文化交流具有重要意义。通过了解和掌握汉语词性分类的标准和意义，外国学习者可以更好地理解汉语的语言结构和表达方式，提高汉语水平并更好地融入中国社会和文化。同时，汉语词性分类的研究也有助于推动汉语国际教育的标准化和规范化发展，促进汉语在全球范围内的传播和应用。

第二章 汉语词汇的构成原理

第一节 汉语词汇的构词法概述

一、构词法的基本概念与原理

构词法作为语言学中的一个核心分支，是探究词汇构成规律及其内部结构的科学。它不仅关乎语言的形式与结构，更深入地触及语言的意义与功能。

（一）构词法的基本概念

构词法即研究词汇如何构成的法则。在语言学中，它占据着举足轻重的地位，是连接音位学、语法学、语义学的桥梁。构词法关注的是词汇的内部结构，包括词根、词缀、词素等构成元素，以及它们如何按照一定的规则组合成新词。

词汇是语言的基本单位，而构词法则是词汇生成的基石。通过构词法，人们可以创造出无穷无尽的新词，以满足语言表达的多样性和复杂性需求。同时，构词法也反映了语言的历史演变和文化特色，是语言发展的重要见证。

（二）构词法的基本原理

构词法的基本原理可以归纳为系统性、规则性、经济性和创新性。这些原理共同作用于词汇的构成过程，使得语言能够保持其稳定性和灵活性。

构词法是一个系统的工程，各种构词方式相互关联、相互影响。在一种语言中，构词法往往形成一套完整的体系，包括词根、词缀的选取，构词规则的制定等。这些元素和规则相互作用，共同构成了语言的词汇系统。构词法遵循一定的规则，这些规则可能是显性的，如词缀的添加位置、词性的变化规律等；也可能是隐性的，如词义演变的趋势、文化背景的制约等。掌握这些规则，有助于人们理解和生成新词。

语言的经济性原则要求词汇的构成尽可能简洁、高效。在构词过程中，人们往往会选择最简洁、最直观的方式来表达意义。这既符合语言的交际功能，也体现了人类思维的简洁性。语言是不断发展的，词汇也在不断更新和丰富。构词法的创新性体现在它能够根据社会的变化和人们的需求，创造出新的词汇来表达新的概念和意义。这种创新性是语言活力的体现，也是文化发展的动力。

（三）构词法的主要类型及实例分析

构词法主要包括合成法、派生法、转化法、重叠法、音变法等类型。下面将结合具体实例，对这些类型进行详细阐述。

合成法是指将两个或两个以上的词根结合在一起构成新词的方法。这种方法在汉语中尤为常见。例如，"火车"由"火"和"车"两个词根合成，"电视"由"电"和"视"两个词根合成。这些合成词的意义往往与其组成词根的意义密切相关。派生法是通过在词根上添加词缀来构成新词的方法。词缀可以是前缀、中缀、后缀等。在派生过程中，词缀会改变词根的词性、时态、语态、数量或其他语法功能，或者微调词根的含义。例如，在汉语中，"美丽"是形容词，添加后缀"-的"后变成"美丽的"，成为形容词性短语；"快乐"是形容词，添加前缀"不-"后变成"不快乐"，表示否定意义。转化法是指不改变词的形态，只是将词从一种词性转化为另一种词性的方法。这种方法在英语中尤为常见，例如，"book"既是名词（书）又是动词（预定）。在汉语中，也有类似的现象，例如，"科学"既是名词也是形容词。重叠法是指将词根或词缀重叠来构成新词的方法。这种方法在汉语中尤为常见，例如，"妈妈""爸爸"等亲属称谓词就是通过重叠构成的。重叠后的词汇往往具有亲昵、可爱的色彩。音变法是指通过改变词的音节或音素来构成新词的方法。这种方法在汉语中较为少见，但在一些方言或古汉语中有所体现。例如，在某些方言中，"鸡"和"几"因为音变而产生了不同的意义。

（四）构词法的文化内涵与语言发展

构词法不仅关乎词汇的构成，更蕴含着丰富的文化内涵。不同的语言有不同的构词方式，这些方式反映了各自语言的历史演变和文化特色。例如，汉语的合成法体现了中国人注重整体思维和形象思维的特点；英语的派生法则反映了英语注重形态变化和语法功能的特点。

同时，构词法也是语言发展的重要推动力。随着社会的变化和人们的需求不断增加，新的词汇不断涌现。这些新词汇往往是通过构词法创造出来的，它们丰富了语言的表达手段，提高了语言的交际效率。例如，随着科技的进步和互联网的普及，大量与科技、网络相关的新词汇应运而生，如"电脑""网络""博客"等。

二、汉语词汇构词法的类型划分

汉语词汇的构词法，作为汉语语言学研究的重要组成部分，是理解和分析汉语词汇结构、生成新词及词汇演变规律的关键。汉语词汇的丰富性和复杂性，决定了其构词法的多样性和灵活性。

（一）汉语词汇构词法的类型划分

汉语词汇构词法的类型划分，可以从多个角度进行。根据词汇的构成方式和特点，可以将汉语词汇构词法划分为以下五种主要类型。

1. 单纯词构词法

单纯词是由一个词根构成的词，它是最小的、不能再分割的词汇单位。单纯词在汉语词汇中占有一定比例，特别是那些表示基本概念和事物的词，往往都是单纯词，如"人""山""水"等。此外，还有一些由音节重叠构成的单纯词，如"妈妈""爸爸"等，这些词通过音节的重复来表达亲昵或强调的意义。

2. 合成词构词法

合成词是由两个或两个以上的词根结合而成的词。合成词是汉语词汇的主要构成方式，它反映了汉语词汇的丰富性和灵活性。根据词根之间的关系，合成词可以进一步划分为以下五种类型。

① 并列式合成词：由两个或两个以上意义相同、相近或相关的词根并列组合而成，如"朋友""语言"等，这些词的意义往往可以通过词根意义的简单相加来理解。

② 偏正式合成词：由表示修饰或限制关系的词根与表示中心意义的词根组合而成，如"新书""高山"等。在这类词中，前一个词根对后一个词根起修饰或限制作用。

③ 述宾式合成词：由表示动作行为的词根与表示动作对象的词根组合而成，如"吃饭""写字"等。这类词的结构与汉语的句子结构相似，反映了汉语动词与宾语之间的紧密关系。

④ 述补式合成词：由表示动作行为的词根与表示动作结果或状态的词根组合而成，如"打碎""提高"等。这类词的结构反映了汉语中动词与补语之间的语法关系。

⑤主谓式合成词：由表示动作发出者的词根与表示动作行为的词根组合而成，如"地震""海啸"等。这类词的结构与汉语的主谓句相似，体现了汉语中主语与谓语之间的语法关系。

3. 派生词构词法

派生词是在词根的基础上添加词缀构成的词。词缀包括前缀、中缀、后缀等，它们可以改变词根的词性、时态、语态、数量和其他语法功能，或者微调词根的含义。在汉语词汇中，派生词虽然不如合成词那么普遍，但也占有一定比例。例如，"老师""桌子"等词中的"老""子"就是词缀。派生词构词法反映了汉语词汇在形态变化上的特点，也体现了汉语词汇的灵活性和创造性。

4. 重叠词构词法

重叠词是由两个相同的词根重叠而成的词。重叠词在汉语词汇中占有一定比例，特别是那些表示亲昵、可爱或强调意义的词，如"宝宝""亲亲"等。重叠词构词法反映了汉语在词汇构成上的独特性和趣味性。

5. 音变词构词法

音变词是通过改变词根的音节或音素来构成新词的方法。在汉语词汇中，音变词的数量相对较少，但在一些方言或古汉语中有所体现。例如，在某些方言中，"鸡"和"几"因为音变而产生了不同的意义。音变词构词法反映了汉语词汇在语音变化上的特点和规律。

（二）汉语词汇构词法的特点和应用

汉语词汇构词法的特点主要体现在三个方面：一是灵活性，汉语词汇可以通过不同的构词方式组合成新词，以满足语言表达的需要；二是系统性，汉语词汇的构词方式之间存在一定的联系和规律，形成了一个完整的词汇系统；三是文化性，汉语词汇的构词方式反映了汉民族的文化传统和思维方式。

汉语词汇构词法的应用非常广泛。在词汇教学中，教师可以通过讲解构词法帮助学生更好地理解词汇的结构和意义；在词汇研究中，学者可以通过分析构词法揭示词汇的演变规律和文化内涵；在词典编纂中，编纂者可以利用构词法对词汇进行分类和编排；在语言教学中，教师可以通过构词法训练学生的词汇生成能力和语言运用能力。

三、构词法在汉语词汇形成中的作用

汉语词汇作为汉语语言的基本构成单元，承载着丰富的文化信息和语言功能。而构词法，则是探索和理解这些词汇如何形成、演变和相互关联的重要工具。在汉语词汇的形成过程中，构词法发挥着至关重要的作用，它不仅决定了词汇的构成方式，还深刻影响了词汇的意义、用法及语言的发展轨迹。

（一）构词法与汉语词汇的生成

构词法为汉语词汇的生成提供了基本的框架和规则。在汉语中，词汇的构成往往遵循一定的模式，如合成词中的并列、偏正、述宾、述补、主谓等结构，以及派生词中的前缀、中缀、后缀等附加成分。这些模式和规则构成了汉语词汇生成的"蓝图"，使得新词的产生有了可循的路径。

通过构词法，汉语能够不断地创造出新的词汇，以满足社会发展和语言交际的需要。无论是科技领域的"互联网""人工智能"，还是社会生活中的"绿色食品""低碳生活"，这些新词都是通过构词法生成的。构词法的灵活运用，使得汉语词汇得以不断丰富和多样化。

（二）构词法与词汇意义的构建

构词法通过词根、词缀等构成元素的组合，明确了词汇的意义指向。在合成词中，词根的组合往往能够直接反映词汇的基本意义，如"火车"表示一种以火为动力的车辆，"电视"表示一种通过电子信号传输图像的设备。派生词中的词缀则能够微调词根的意义，或者改变词根的词性、时态等语法功能，从而进一步细化词汇的意义。

构词法还能够体现词汇之间的语义关系。例如，在并列式合成词中，两个词根的意义往往相同、相近或相关，这种关系使得词汇的意义更加明确和具体。在偏正式合成词中，修饰或限制关系的词根与中心意义的词根组合，使得词汇的意义更加精确和细腻。这些语义关系的体现，有助于人们更好地理解和运用词汇。

（三）构词法与词汇的语法功能

构词法在很大程度上决定了词汇的词性。在汉语中，词性是一个重要的语法范畴，它决定了词汇在句子中的位置和用法。通过构词法，人们可以根据需要改变词根的词性，或者通过添加词缀来创造新的词性。例如，通过添加后缀"-的"，可以将形容词转化为名词性短语；通过添加前缀"不-"，可以将形容词或动词转化为否定意义。

构词法还影响了词汇的语法搭配。在汉语中，不同的词汇往往有不同的语法搭配要求。通过构词法生成的词汇，往往能够更好地满足这些搭配要求，从而使得句子更加通顺和流畅。例如，在述宾式合成词中，动词与宾语的紧密结合，使得这类词汇在句子中能够直接作为谓语使用，与宾语形成自然的搭配关系。

（四）构词法与语言的发展演变

构词法是语言历史变迁的重要见证。在汉语的发展过程中，构词法不断演变和完善，反映了语言在不同历史时期的特点和规律。例如，古代汉语中的单音词逐渐演变为现代汉语中的双音词或多音，这种变化与构词法的发展密切相关。通过研究构词法的演变，我们可以更好地了解语言的历史发展和文化变迁。

构词法还是语言创新和发展的重要推动力。随着社会的不断进步和科技的飞速发展，新的概念和事物不断涌现。为了表达这些新概念和事物，人们需要创造新的词汇。而构词法正是创造新词的重要工具。通过灵活运用构词法，人们可以不断地创造出新的词汇，以满足语言表达的需要。这些新词汇的涌现，不仅丰富了语言的表达手段，还推动了语言的创新和发展。

（五）构词法与词汇教学的关系

构词法在词汇教学中发挥着重要作用。通过讲解构词法，教师可以帮助学生更好地理解词汇的结构和意义，从而提高词汇学习的效率。例如，在教授新词汇时，教师可以引导学生分析词汇的构成元素和构词方式，帮助学生快速掌握词汇的基本意义和用法。

构词法教学还能够培养学生的词汇生成能力。通过学习和掌握构词法，学生能够根据需要灵活运用词根、词缀等构成元素，创造出新的词汇。这种能力对于提高学生的语言运用能力和创新能力具有重要意义。

第二节　单纯词的构成与类型

一、汉语单纯词的定义与特点

（一）汉语单纯词的定义

在汉语语言学中，单纯词是一个基础而重要的概念，它指的是由单一语素构成的词。语素是语言中最小的有意义的语言单位，它可以是词，也可以是构成词的要素。因此，单纯词具有不可分割性，即整个词只能表示一个意思，不能拆分为更小的有意义部分。这种特性使得单纯词在汉语词汇系统中占有重要地位，是构成和理解汉语词汇的基础。

单纯词的定义可以从多个角度进行阐述。首先，从构成元素上看，单纯词仅包含一个语素，这个语素在词中不可再分，是整个词的意义成分。其次，从意义表达上看，单纯词的整体意义是由这个单一的语素决定的，不能通过拆分来理解其意义。最后，从语音结构上看，单纯词的语音结构可以是单音节的，也可以是双音节或多音节的，但其核心特征在于其构成的单一性。

（二）汉语单纯词的特点

单纯词最显著的特点是其构成的单一性，即只包含一个语素。这个语素在词中充当整个词的意义成分，不可再分。这种特性使得单纯词在表达上具有高度的凝练性和精确性，每一个单纯词都承载着特定的意义，无法被进一步拆解或替代。例如，"人""山""水"等单音节单纯词，以及"咖啡""蝴蝶"等双音节或多音节单纯词，都是由一个不可再分的语素构成的。单纯词的整体意义是由其单一的语素决定的，不能通过拆分来理解其意义。这种特性使得单纯词在意义上具有高度的完整性和独立性。与合成词不同，合成词的意义往往可以通过其构成语素的意义来推断或理解，而单纯词则无法做到这一点。因此，单纯词在理解和运用上需要更多的语境和背景知识来支持。例如，"咖啡"一词作为一个单纯词，其意义无法从其构成音节"咖"和"啡"中推断出来，而只能通过整体意义来理解。

单纯词的语音结构可以是单音节的，也可以是双音节或多音节的。这种多样性使得单纯词在语音表达上具有更大的灵活性和适应性。单音节单纯词如"天""地""人"等，结构简单明了，易于记忆和发音；双音节单纯词如"咖啡""蝴蝶"等，则可以通过音节的组合和韵律的变化来表达更丰富的情感和意境；多音节单纯词则更多地体现在外来词和象声词中，如"奥林匹克""哗啦啦"等。这些丰富的表现形式使得单纯词在汉语词汇系统中具有广泛的应用范围和表达功能。同时，单纯词的语音结构多样性也反映了汉语语音系统的复杂性和丰富性。单纯词作为一个整体，其意义是不可拆分的。这意味着在理解和运用单纯词时，不能将其拆分为更小的有意义部分来理解其意义。这种特性使得单纯词在表达上具有高度的稳定性和一致性，避免了因拆分而产生的歧义和误解。例如，"葡萄"一词作为一个单纯词，其意义无法从其构成音节"葡"和"萄"中拆分出来单独理解，而只能作为一个整体来理解其意义。

（三）汉语单纯词的文化内涵

汉语单纯词不仅是语言符号的集合体，更蕴含着丰富的文化内涵和民族智慧。首先，单纯词作为汉语中最基本的词汇单位之一，承载着汉民族对客观世界的认识和表达。例如，"天""地""人"等单音节单纯词直接反映了汉民族对宇宙、自然和社会的理解；而"咖啡""蝴蝶"等外来词则反映了汉民族对外来文化的接受和融合。其次，单纯词在语音结构上的多样性也反映了汉语语音系统的复杂性和丰富性。这种复杂性和丰富性不仅为汉语表达提供了更多的可能性，也反映了汉民族对语音美的追求和创造。最后，单纯词作为汉语词汇系统的重要组成部分，其发展和演变也反映了汉语历史变迁和文化传承的轨迹。通过对单纯词的研究和分析，可以更好地理解汉语的历史渊源和文化底蕴。

二、汉语单纯词的构成方式分析

汉语单纯词作为汉语词汇的重要组成部分，其构成方式独特且多样。

（一）音变构词

音变构词是汉语单纯词构成的一种重要方式。这种方式主要通过语音的变化来产生新的词汇，而不改变词汇的基本意义。音变构词在汉语中广泛存在，尤其是在方言和古汉语中更为常见。声调是汉语语音的一个重要特征，通过声调的变化可以区分不同的词汇。在音变构词中，声调的变化往往能够产生新的单纯词。例如,在普通话中,"妈"和"麻"就是通过声调的不同来区分的两个单纯词。这种通过声调变化构成的单纯词,在汉语中占据了相当大的比例。

韵母是汉语音节的重要组成部分,通过韵母的变化也可以构成新的单纯词。例如,"花"和"哈"就是通过韵母的不同来区分的两个单纯词。这种韵母变化构成的单纯词,在汉语中也相当常见。声母是汉语音节的起始部分,通过声母的变化同样可以构成新的单纯词。例如,"巴"和"趴"就是通过声母的不同来区分的两个单纯词。虽然声母变化构成的单纯词在汉语中不如声调变化和韵母变化那么普遍,但仍然是一种重要的构词方式。

(二)连绵词

连绵词是由两个音节联缀成义而不能分割的词。这类词具有双声、叠韵或双声兼叠韵的特点,且两个音节之间往往没有明显的语义关系,只是一个整体表示一个意义。连绵词在汉语单纯词中占有很大比例,是汉语构词法中的一种独特现象。双声连绵词是指两个音节的声母相同的连绵词。例如,"琵琶""蜘蛛"等就是双声连绵词。这类词在汉语中数量众多,且往往具有鲜明的形象性和音乐性。

叠韵连绵词是指两个音节的韵母相同的连绵词。例如,"徘徊""荡漾"等就是叠韵连绵词。这类词在汉语中也很常见,其韵律感和音乐性往往使得语言更加生动和富有表现力。双声兼叠韵连绵词是指既满足双声又满足叠韵条件的连绵词。这类词在汉语中数量相对较少,但仍然是一种重要的构词方式。例如,"鸳鸯""辗转"等就是双声兼叠韵连绵词。

(三)音译词

音译词是指根据外语词的发音,用汉语中与之发音相近的字或词组来构成的单纯词。随着国际交流的日益频繁,音译词在汉语中的数量不断增加,成为汉语单纯词的一个重要来源。

直接音译是指根据外语词的发音，直接选用汉语中与之发音相近的字或词组来构成单纯词。例如，"咖啡""沙发"等就是直接音译词。这种构词方式简单直接，能够迅速地将外语词汇引入汉语中。音译加意译是指在音译外语词的同时，结合汉语的特点和表达习惯，加入一些意译的成分来构成单纯词。例如，"可口可乐"就是音译加意译的单纯词。这种构词方式既保留了外语词的发音特点，又使得词汇更符合汉语的表达习惯。

（四）象声词

象声词是模拟事物的声音而构成的单纯词。这类词往往具有鲜明的形象性和生动性，能够直观地表达事物的声音特点。

单音节象声词是指由一个音节构成的象声词。例如，"喵""咩"等就是单音节象声词。这类词在汉语中数量众多，且往往与动物的声音相关联。双音节或多音节象声词是指由两个或两个以上音节构成的象声词。例如，"轰隆隆"是双音节象声词，"噼里啪啦"是多音节象声词。这类词在汉语中也相当常见，且往往能够生动地描绘出事物的声音场景。

三、汉语单纯词的类型划分与实例

汉语单纯词作为汉语词汇体系中的基础单元，其类型多样且各具特色。单纯词是由一个语素构成的词，这种语素在词中不可再分，整体表达一个独立的意义。根据音节数量、语素特性及来源等标准，可以将汉语单纯词划分为多种类型，并通过具体实例来详细阐述每种类型的特点。

（一）单音节单纯词

单音节单纯词是汉语中最基本也是最简单的词汇形式，由一个单音节语素构成。这类词数量庞大，涵盖了汉语中最常用的基本词汇，如名词、动词、形容词等。

①名词实例：如天、地、人、山、水、月等，这些词都是自然界或社会

生活中最基本的概念，通过单音节的形式简洁明了地表达出来。

② 动词实例：如走、跑、跳、看、吃等，这些动作行为通过单音节词得以生动描绘，体现了汉语动词的精炼性。

③ 形容词实例：如红、绿、黄、高、矮等，这些词用来描述事物的颜色、高度等属性，同样以单音节的形式出现，易于记忆和使用。

（二）多音节单纯词

多音节单纯词由两个或两个以上的音节构成，但整体上仍被视为一个语素，表达一个独立的意义。根据音节之间的结构和来源，多音节单纯词可以进一步细分为联绵词、叠音词、音译外来词、拟声词等类型。

1. 联绵词

联绵词是由两个不同音节连缀成一个语素构成的词，两个音节之间往往有双声、叠韵或非双声叠韵的关系。联绵词在汉语中历史悠久，多来源于古代汉语。

① 双声联绵词：两个音节的声母相同，如"仿佛""参差""忐忑"等，这些词读起来朗朗上口，富有音乐性。

② 叠韵联绵词：两个音节的韵母相同，如"彷徨""窈窕""从容"等，这类词在表达上往往带有一种悠扬的美感。

③ 非双声叠韵联绵词：两个音节的声母和韵母都不相同，如"蝴蝶""芙蓉""鸳鸯"等，这些词虽然音节结构上没有明显的双声或叠韵关系，但整体上仍被视为一个语素，表达一个独立的意义。

2. 叠音词

叠音词是由两个相同的音节重叠而成的词，重叠后仍只是一个双音语素。这类词在表达上往往带有一种重复和强化的效果，增强了语言的生动性和形象性。

实例：如猩猩、姥姥、皑皑、潺潺等，这些词通过音节的重复，使得整个词在发音上更加流畅和谐，同时也增强了词的意义表达效果。

3. 音译外来词

音译外来词是按照外语词的发音，用同音或近音的汉字转写而成的词。随着国际交流的加深，音译外来词在汉语中的数量不断增加，成为汉语单纯词的一个重要来源。

实例：如咖啡、沙发、吉他、巧克力等，这些词都是直接按照外语词的发音，用汉字转写而成的，虽然它们在汉语中没有独立的意义单位，但整体上仍被视为一个语素，表达一个独立的意义。

4. 拟声词

拟声词是模拟客观事物或现象的声音而形成的词，这类词在表达上往往带有直观性和形象性，能够生动地描绘出事物的声音特点。

实例：如哗哗、咚咚、噼里啪啦、叽里咕噜等，这些词通过模拟事物发出的声音，使得整个词在发音上更加贴近实际场景，增强了语言的表达效果。

四、单纯词在汉语词汇中的地位

（一）单纯词在汉语词汇中的地位

单纯词在汉语词汇中占据着举足轻重的地位，它们不仅是汉语词汇的基础构成元素，更是汉语语言独特魅力和表达力的重要体现。

单纯词作为汉语词汇的基础构成元素，是构成句子和篇章的基础。无论是口语交流还是书面表达，都离不开单纯词的支撑。没有单纯词，汉语词汇将失去其完整性和连贯性，无法准确地传达出语言所代表的意义和信息。单纯词通过其简洁明了的结构和精炼准确的意义表达，展现了汉语语言的独特魅力。无论是单音节单纯词的精炼干练，还是多音节单纯词的韵律美感，都使得汉语语言在表达上更加生动、形象和富有感染力。这种独特魅力是汉语词汇区别于其他语言词汇的重要标志之一。

单纯词作为汉语词汇中的重要组成部分，为汉语语言提供了丰富的表达资源。不同的单纯词可以组合成不同的短语和句子，表达出复杂多样的意义和情感。同时，单纯词还可以通过其语音、语调的变化和组合，形成不同的语气和语势，增强语言的表达力和感染力。这种表达力是汉语词汇在交流中得以广泛应用和传承的重要原因之一。单纯词作为汉语词汇的重要组成部分，承载着丰富的文化信息和深厚的语言底蕴。许多单纯词都源于古代汉语或传统文化，通过世代相传得以保留和传承。这些词不仅反映了古代社会的风貌和习俗，也蕴含着深厚的文化内涵和价值观念。因此，单纯词在汉语词汇中的地位不仅体现在其语言功能上，更体现在其文化传承的价值上。

（二）单纯词的作用与影响

单纯词在汉语词汇中的作用与影响是多方面的，它们不仅丰富了汉语词汇的数量和种类，还提高了汉语词汇的表达力和准确性。同时，单纯词还在汉语教学中发挥着重要的作用，是学习者掌握汉语词汇和语法的基础。

单纯词通过其不同的音节组合和语音变化，形成了丰富多样的词汇形式。这些词汇形式涵盖了各个领域和方面，为汉语词汇提供了丰富的资源和选择。无论是日常生活还是专业领域，都可以找到相应的单纯词来表达和描述。单纯词通过其精炼准确的意义表达和简洁明了的结构特点，提高了汉语词汇的表达力和准确性。在交流中，使用单纯词可以更加直接地传达出语言所代表的意义和信息，避免歧义和误解的发生。同时，单纯词还可以通过其语气和语势的变化，增强语言的表达力和感染力，使得交流更加生动、形象和富有感染力。单纯词是汉语教学中的重要内容之一，对于初学者来说，掌握一定数量的单纯词是学习和运用汉语词汇的基础。通过学习和记忆单纯词，学习者可以逐渐扩大自己的词汇量，提高语言表达能力和阅读理解能力。同时，单纯词的学习还可以帮助学习者更好地理解和掌握汉语的语法规则和语音特点。

第三节　合成词的构成模式

一、汉语合成词的基本概念与特点

汉语词汇作为汉语语言的核心组成部分，承载着丰富的意义和信息。在汉语词汇的广阔天地里，合成词以其独特的构成方式和丰富的表现力，占据了举足轻重的地位。

（一）合成词的基本概念

合成词是由两个或两个以上的词根结合而成的词。与单纯词（由一个词根构成的词）相对，合成词在结构上更为复杂，意义也更为丰富。在汉语中，合成词是词汇的主要构成方式之一，通过不同的词根组合，可以创造出无穷无尽的词汇，满足语言表达的各种需求。

合成词的构成方式多种多样，主要包括复合式、重叠式、附加式等。复合式是最常见的合成词构成方式，它由两个或两个以上的词根直接结合而成，如"学习""工作"等。重叠式则是由相同的词根重叠而成，如"妈妈""哥哥"等，这类词在表达上往往带有一种亲切和温馨的感觉。附加式则是由词根和词缀结合而成，词缀可以是前缀、中缀、后缀，如"桌子""花儿"等，词缀的添加往往能够改变词根的词性、时态、语态或微调词根的含义。

（二）合成词的特点

与单纯词相比，合成词在结构上更为复杂。它由多个词根或词根与词缀结合而成，这种复杂的结构使得合成词在表达上更为灵活多变，能够承载更多的意义和信息。合成词的意义往往是由其构成词根的意义组合而成的。由于词根之间的组合方式多种多样，因此合成词的意义也极为丰富。通过不同的词根组合，可以创造出表达各种概念、情感和行为的词汇，满足语言表达的各种需求。

虽然合成词的构成方式多种多样，但其中也蕴含着一定的规律性。例如，复合式合成词往往遵循一定的语法规则和语义关系，如主谓关系、动宾关系、并列关系等。这些规律性使得合成词的构成和理解更加有据可循，有助于语言的学习和运用。合成词作为汉语词汇的重要组成部分，与中国的文化紧密相关。许多合成词都蕴含着丰富的文化内涵和深厚的历史背景，如"龙凤呈祥""琴棋书画"等。这些词汇不仅表达了具体的概念，还传递了中国的文化传统和审美观念。

汉语词汇是一个不断发展和变化的系统，合成词作为其中的重要组成部分，也处于不断的动态发展之中。随着社会的进步和文化的交流，新的合成词不断涌现，旧的合成词也可能逐渐淘汰或改变意义。这种动态发展性使得汉语词汇更加丰富多样，也反映了语言与社会的密切关系。

（三）合成词在语言运用中的重要作用

合成词在汉语语言运用中发挥着重要的作用，它们不仅是词汇的主要构成方式之一，还是语言表达的重要工具。

合成词通过不同的词根组合和词缀添加，可以创造出无穷无尽的词汇，极大地丰富了汉语的语言表达。这些词汇能够准确地描述各种事物、现象和概念，满足人们日常交流和学术研究的需求。合成词在表达上往往比单纯词更为生动、形象和具体。通过巧妙的词根组合和词缀添加，可以创造出富有表现力和感染力的词汇，使得语言更加生动有趣。例如，"春暖花开""秋高气爽"等合成词，通过形象的描绘和情感的抒发，使得语言更加富有诗意和美感。

合成词通过词根和词缀的结合，可以在有限的词汇基础上创造出更多的新词，体现了语言的经济性原则。这种经济性不仅有助于减轻语言学习者的负担，还有助于提高语言的交际效率。合成词作为语言的重要组成部分，与社会的发展变迁密切相关。新的社会现象、科技发展、文化交流等都会催生新的合成词的产生。这些新词不仅反映了社会的变化和进步，也丰富了汉语词汇的内涵和外延。

许多合成词都是中华文化的重要组成部分。通过学习和运用这些合成词，可以传承和弘扬中华文化的精髓，增强民族自豪感和文化自信。

二、汉语合成词的构成模式分析

汉语词汇作为汉语语言的基础和灵魂，其丰富性和多样性令人叹为观止。其中，合成词作为汉语词汇的重要组成部分，通过不同的词根、词缀组合，形成了千变万化的词汇形式，极大地提高了汉语的表达力。

（一）合成词构成的基本原理

合成词是由两个或两个以上的词根、词缀结合而成的词。在构成过程中，词根和词缀按照一定的语法规则和语义关系进行组合，形成新的词汇。这些规则包括词性搭配、语义关系、语音和谐等。在汉语中，合成词的构成往往遵循着"意义明确、结构稳定、发音顺畅"的原则，这使得合成词在表达上既准确又生动。

（二）合成词的构成类型

根据词根和词缀的结合方式，汉语合成词可以划分为以下四种主要类型。

1. 复合式合成词

复合式合成词是汉语合成词中最常见、最复杂的一类。其构词特点在于词根语素之间的组合关系多样，能够灵活表达丰富的意义。

① 联合型（并列式）：如"国家"一词，由"国"和"家"两个词根并列组合而成，虽然在现代语境中"家"的意义相对弱化，但仍保留了并列组合的痕迹。再如"骨肉"，字面意思是骨头和肉，引申为至亲的意思，两个词根意义相近且相互补充。

② 偏正型：偏正型合成词通过修饰成分来限定中心成分的意义，使得表达更加精确。如"火红"一词，"火"作为修饰成分，形象地描述了"红"

的程度和状态；"冰箱"一词，"冰"限定了"箱"的功能和用途。

③ 补充型：补充型合成词通过补充成分来完善主词根的意义，使得表达更加完整。如"提高"一词，"提"是动作，"高"是动作的结果，二者结合表达了动作及其效果；"车辆"一词，"车"是事物，"辆"是事物的单位，二者结合构成了名量型的补充关系。

④ 动宾型（支配式）：动宾型合成词通过动作与受事对象的组合来表达特定的意义。如"司机"一词，"司"是动作，"机"是受事对象，二者结合构成了驾驶机器的人这一职业概念；"动员"一词，"动"是动作，"员"虽非直接受事对象，但在此处引申为参与动作的人或群体。

⑤ 主谓型（陈述式）：主谓型合成词通过被陈述事物与陈述内容的组合来表达特定的状态或关系。如"地震"一词，"地"是被陈述的事物，"震"是陈述的内容，即地面发生的震动现象；"眼热"一词，"眼"是被陈述的身体部位，"热"是陈述的内容，即眼睛因羡慕或嫉妒而发热的感觉。

2. 附加式合成词

附加式合成词通过词缀的添加来赋予词根新的意义或语法功能，使得表达更加灵活多样。

① 前缀＋词根型：前缀通常具有某种附加意义或语法功能，例如，"老-"表示年长或尊称，"阿-"表示亲昵或称呼，"第-"表示次序等。如"老虎"一词，"老"作为前缀增加了威猛的形象意义；"阿姨"一词，"阿-"作为前缀表示亲昵的称呼方式。

② 词根＋后缀型：后缀通常具有某种词性标志或附加意义，如"-子"表示小称或类属，"-头"表示物体的一端或形状，"-儿"表示小称或亲昵等。如"刀子"一词，"-子"作为后缀表示小称和类属意义；"石头"一词，"-头"作为后缀表示物体的坚硬和形状特点。

3. 重叠式合成词

重叠式合成词通过词根的重叠来强调某种意义或情感色彩，使得表达更加生动形象。

① 完全重叠式：如"姐姐""哥哥"等词，通过重叠形式表达了亲切、可爱的情感色彩；"刚刚"一词通过重叠形式强调了时间上的紧接性。

② 不完全重叠式：不完全重叠式合成词虽然重叠部分不完整，但同样具有强调意义的作用。例如，"毛毛雨"一词通过"毛毛"的重叠形式强调了雨的细密和轻柔；"雄赳赳"一词通过重叠形式与后缀"-赳赳"的结合表达了雄壮有力的状态。

4. 缩略式合成词

缩略式合成词是由较长的词组或短语缩略而成的词。这种构成方式在现代汉语中尤为常见，多用于表示机构名称、专有名词等，如"北大"（北京大学）、"春晚"（春节联欢晚会）等。缩略式合成词在表达上简洁明了，便于记忆和使用。

（三）合成词构成的特点

汉语合成词的构成方式多种多样，包括复合式、重叠式、附加式、缩略式等。这种多样性使得汉语词汇在结构上更为丰富和灵活。合成词的意义往往是由其构成词根、词缀的意义组合而成的。由于词根、词缀之间的组合方式遵循一定的语法规则和语义关系，因此合成词的意义通常较为明确和具体。

在构成合成词时，汉语往往注重语音的和谐与美感。无论是词根之间的组合还是词缀的添加，都尽量做到发音顺畅、节奏鲜明，使得合成词在语音上更加优美动听。

（四）合成词在汉语中的运用

合成词在汉语中的运用非常广泛，几乎涵盖了各个领域和方面。在口语交流中，合成词是构成句子和篇章的基础元素之一；在书面表达中，合成词则能够准确地传达出作者的思想和观点。同时，合成词还承载着丰富的文化内涵和历史信息，是了解和传承中华文化的重要途径之一。

在汉语教学中，合成词的学习也是非常重要的内容之一。通过学习合成词的构成方式和运用规律，学生可以更好地理解和掌握汉语词汇的特点和规律，提高语言表达能力和阅读理解能力。

第四节　词根与词缀的作用

一、汉语词根与词缀的定义及功能

在汉语的浩瀚词海中，词根与词缀作为构成词汇的基本元素，扮演着举足轻重的角色。它们不仅是词汇意义与结构的基石，也是语言发展与演变的见证者。

（一）词根的定义与功能

1. 定义

词根是词汇的核心部分，承载着词汇的基本意义。在汉语中，词根是指一个词中不可分解的、具有基本意义的部分。它是词汇的基础，通过与其他语素（包括词缀和其他词根）的组合，可以构成丰富的词汇体系。词根的意义相对稳定，是词汇意义的主要承担者。

2. 功能

①表示基本意义：词根是词汇意义的核心，它直接反映了单词的基本含义。如"幸福"中的"幸"即表示快乐、满意的基本意义。

②构成词汇主体：词根在词汇中通常位于中心位置，是词汇的主体部分。无论是单纯词还是合成词，词根都是构成词汇不可或缺的元素。

③能产性：词根具有强大的构词能力，可以通过与其他语素组合生成大

量新词汇，这种能产性使得汉语词汇体系得以不断扩展和丰富。

④ 稳定性：词根的意义相对稳定，不易随时间和语境的变化而轻易改变。这种稳定性为语言使用者提供了可靠的意义参照点。

⑤ 帮助记忆与理解：通过理解词根的意义，学习者可以更容易地记忆和理解与之相关的词汇。词根作为词汇的基本意义单元，为词汇记忆提供了有效的途径。

（二）词缀的定义与功能

1. 定义

词缀是附加在词根前后或中间的成分，用于改变单词的意义或词性。在汉语中，词缀通常不能独立成词，必须依附于词根存在。根据位置的不同，词缀可以分为前缀、后缀和中缀。前缀位于词根之前，如"老虎"中的"老"；后缀位于词根之后，如"工人"中的"人"；中缀则位于词根之间，但在现代汉语中并不常见。

2. 功能

① 改变词义：词缀可以改变词根的意义，赋予词汇新的含义。例如，"非"作为前缀，可以构成"非法""非常"等词，表示对词根意义的否定或加强。

② 改变词性：词缀还可以改变词根的词性，使词汇具有不同的语法功能。如"快"作为形容词词根，加上后缀"速"后变为名词"快速"，词性发生了变化。

③ 构成新词：通过添加不同的词缀，可以构成大量新词。这种构词方式简单快捷，是汉语词汇扩展的重要途径之一。

④ 语法作用：词缀在构词过程中还具有一定的语法作用，它们能够标示词汇的语法属性（如名词、动词、形容词等），使词汇在句子中能够正确地承担语法功能。

⑤ 表达附加义：除了改变词义和词性外，词缀还可以表达附加意义，

如情感色彩、程度等。如"小"作为前缀，在"小心"中表达了谨慎、注意的附加意义。

（三）词根与词缀的区别与联系

1. 区别

① 独立性：词根是词汇的核心部分，可以独立成词或作为合成词的主要组成部分；而词缀则不能独立成词，必须依附于词根存在。

② 位置与形式：词根通常位于词的中心位置，是词汇的主体部分；词缀的位置则相对灵活，可以位于词根的前面（前缀）、中间（中缀）或后面（后缀）。

③ 意义与功能：词根的意义相对稳定且明确，直接反映了单词的基本含义；词缀则用于改变词义、词性或表达附加意义，其意义相对虚化或正在虚化。

2. 联系

尽管词根与词缀在定义与功能上存在显著差异，但它们之间却存在着密切的联系。词根是词汇的基础和核心，而词缀则是依附于词根存在的附加成分。没有词根，词缀就失去了依附的基础；没有词缀，词根则难以构成丰富多样的词汇体系。词根与词缀相互配合、相互作用，共同构成了汉语词汇的复杂网络。

二、词根在汉语构词中的作用与地位

在汉语这一博大精深的语言体系中，词根作为词汇构成的核心部分，不仅承载着词汇的基本意义，还在词汇的形成、演变及理解中发挥着至关重要的作用。

（一）词根在汉语构词中的作用

词根是词汇意义的主要承担者，它直接决定了词汇的基本含义。在汉语中，词根通常包含了一个词汇的核心意义，是理解和使用词汇的关键。例如，"人民"中的"人"和"民"都是词根，它们共同构成了"人民"这一词汇，并赋予了其基本意义，即"以劳动群众为主体的社会基本成员"。词根在词汇中通常位于中心位置，是词汇的主体部分。无论是单纯词还是合成词，词根都是构成词汇不可或缺的元素。在合成词中，词根通过与其他词根或词缀的组合，形成了丰富多样的词汇体系。例如，"电脑"中的"电"和"脑"都是词根，它们共同构成了"电脑"这一词汇，并表达了其基本意义，即一种能够进行高速数学和逻辑运算、具有存储记忆能力、并能按照程序自动执行任务的智能电子设备。

词根具有强大的构词能力，能够通过与其他语素的组合生成大量新词汇。这种构词能力不仅丰富了汉语词汇的库存，也提高了语言的适应性和灵活性。例如，"水"作为词根，可以与不同的语素组合形成"水果""水平""水灾"等词汇，这些词汇虽然意义各异，但都包含了"水"这一基本意义单元。词根的意义相对稳定，不易随时间和语境的变化而轻易改变。这种稳定性为语言使用者提供了可靠的意义参照点，使得语言交流得以顺利进行。同时，词根还承载着语言的传承性，通过词根的传承，语言中的基本意义得以延续和发展。例如，"山"作为词根，在汉语中从古至今都表示地面形成的高耸的部分，这种意义的稳定性使得"山"这一词汇在不同历史时期和不同语境中都能被准确理解和使用。

（二）词根在汉语构词中的地位

词根在汉语构词中处于核心地位，是词汇构成的基础。没有词根，就无法形成完整的词汇体系。词根不仅是词汇意义的主要承担者，还是词汇语法功能实现的关键。在汉语中，词根的数量庞大且种类丰富，它们以不同的方式组合在一起，形成了丰富多样的词汇表达。词根在词汇构成中发挥着主导作用，引领着词汇的演变和发展。随着社会的进步和科技的发展，新的概念和事物不断涌现，需要新的词汇来表达。这些新词往往是通过已有的词根按照一定的规则组合而成的。词根的主导作用使得汉语词汇体系能够不断适应社会发展的需求并保持活力。

词根在词汇之间起着桥梁和纽带的作用。通过词根的联系和组合，不同的词汇之间可以建立起内在的联系和关系。这种联系和关系不仅有助于词汇的记忆和理解，还有助于语言使用者更好地把握语言的整体结构和规律。例如，"工人"和"农民"中的"工"和"农"都是词根，它们通过与其他语素的组合形成了表示不同职业群体的词汇，并建立了这些词汇之间的内在联系和关系。

（三）词根在汉语学习中的应用

在汉语学习过程中，词根的学习和应用具有重要意义。通过掌握词根的基本意义和构词规律，学习者可以更加高效地记忆和理解汉语词汇。同时，词根的学习还有助于提高学习者的词汇运用能力和语言表达能力。例如，在学习"经济"这一词汇时，学习者可以掌握其词根"经"和"济"的基本意义，并通过与其他语素的组合来扩展相关词汇的学习和应用。

此外，词根的学习还可以帮助学习者更好地把握汉语词汇的演变和发展趋势。通过对词根的历史演变和构词能力的分析，学习者可以更加深入地了解汉语词汇的形成机制和变化规律，从而更好地适应语言发展的需求并提高自身的语言素养。

三、词缀在汉语构词中的功能与特点

词缀作为汉语构词法中的重要组成部分，与词根共同构建了丰富多彩的汉语词汇体系。词缀的功能多样、特点鲜明，不仅丰富了语言的表达形式，还深刻影响了汉语词汇的生成、演变及使用。

（一）词缀在汉语构词中的功能

词缀的添加可以改变词根的原有意义，使词汇产生新的含义。这种改变可能是对词根意义的延伸、扩大、缩小、转移、反义等。例如，通过添加前缀"反-"可以构成"反动""反抗"等词，表示与原有动作或状态相反的意义。词缀还具有改变词根词性的功能。在汉语中，许多词缀能够明确指示词汇的语法属性，如名词、动词、形容词等。例如，后缀"-化"通常用于将动词或形容词转化为名词，如"美化""现代化"等。

词缀是汉语词汇生成的重要手段之一。通过添加不同的词缀，可以基于词根构成大量新词，从而丰富汉语词汇库。这种构词方式既经济又高效，能够快速适应社会发展的需求。除了改变词义和词性外，词缀还可以表达附加意义，如情感色彩、程度、时态、语态等。例如，前缀"可-"表示可能性或可接受性，如"可爱""可口"等。词缀在构词过程中还具有一定的语法作用。它们能够标示词汇的语法属性，使词汇在句子中能够正确地承担语法功能。例如，后缀"-们"用于表示复数，如"我们""他们"等。

（二）词缀在汉语构词中的特点

词缀不能独立成词，必须依附于词根存在。这是词缀与词根最显著的区别之一。词缀的依附性使得它们在构词过程中必须与其他语素（通常是词根）结合使用。虽然词缀可以位于词根的前、中、后不同位置，但一旦确定位置，词缀在构词中的位置就相对固定。例如，前缀总是位于词根之前，后缀总是位于词根之后。

与词根相比，词缀的意义相对虚化或正在虚化。词缀在构词过程中主要起辅助作用，因此，词缀本身的意义往往不如词根明确和实在。词缀具有强大的构词能力，能够通过与不同的词根结合生成大量新词。这种能产性使得汉语词汇体系得以不断扩展和丰富。例如，后缀"-者"可以与多种词根结合构成表示人的名词，如"读者""作者"等。词缀往往具有类别性，即同一词缀可以附加到多个词根上构成具有相同或相似语法属性或语义特征的词汇。例如，前缀"第-"用于构成序数词，如"第一""第二"等。词缀的意义和用法在历史演变过程中可能会发生变化。一些原本具有实在意义的词根在历史演变中逐渐虚化为词缀，而一些原本的词缀也可能因为语言的发展而获得新的意义或用法。

（三）词缀在汉语中的重要作用

词缀在汉语构词中发挥着重要的作用，它们不仅丰富了汉语词汇的表达形式，还深刻影响了汉语词汇的生成、演变及使用。词缀的添加使得汉语词汇更加灵活多变，能够适应不同语境和表达需求。同时，词缀的类别性和能产性也为汉语词汇的扩展提供了无限可能。

此外，词缀还承载着一定的文化信息和历史痕迹。通过研究词缀的演变和使用，我们可以窥见汉语语言的发展历程和文化变迁。例如，一些具有古代汉语特色的词缀在现代汉语中仍然保留并使用，如"-子""-儿"等后缀，它们不仅提高了汉语词汇的表达能力，还传承了汉语的文化传统。

四、汉语词根与词缀的相互关系及影响

在汉语的浩瀚词海中，词根与词缀作为词汇构成的两大基石，相互依存、相互影响，共同编织出丰富多样的语言图景。它们之间的复杂关系不仅揭示了汉语词汇的内在结构规律，也深刻影响了语言的表达力、发展轨迹及文化传承。

（一）词根与词缀的相互关系

词根与词缀在构词过程中呈现出明显的依存关系。词根作为词汇的核心部分，提供了词汇的基本意义；而词缀则依附于词根之上，通过改变词根的意义、词性等方式，丰富词汇的表达形式和功能。这种依存关系体现了词根与词缀在构词中的互补性，它们相互协作，共同构成了一个完整的词汇体系。

词根在构词中的位置相对灵活，可以在合成词的前面、中间或后面出现；而词缀的位置则相对固定，前缀在前，后缀在后，中缀则较为罕见。这种灵活与稳定的组合方式，使得汉语词汇既能够保持一定的稳定性，又能够根据需要灵活变化，适应不同的表达需求。词根在构词中占据主导地位，决定了词汇的基本含义和类别；而词缀则处于辅助地位，通过改变词根的意义、词性等方式，对词汇进行修饰和补充。这种主导与辅助的关系，使得汉语词汇在保持核心意义不变的同时，能够展现出丰富的形态变化和语法功能。

（二）词根与词缀的相互影响

词根作为词汇的核心部分，对词缀的选择和使用具有一定的制约作用。不同的词根可能需要不同类型的词缀来构成新词，以表达特定的意义或语法功能。同时，词根的意义和类别也决定了词缀能够附加的范围和程度。因此，词根在构词中的主导地位，使得词缀的使用受到了一定的限制和规范。

词缀通过附加在词根上构成新词，不仅丰富了汉语词汇的库存，还扩展了词根的意义和功能。例如，通过添加不同的前缀或后缀，可以基于同一词根构成多个具有不同意义或词性的词汇。这种扩展作用使得汉语词汇的表达形式更加多样化和灵活化，能够更好地适应不同的语境和表达需求。词根与词缀的相互依存、相互影响，共同推动了汉语词汇的发展。随着社会的进步和语言的演变，新的词根和词缀不断产生并融入词汇体系之中；同时，原有的词根和词缀也通过组合和变化产生出新的词汇和表达形式。这种动态的发展过程使得汉语词汇不断丰富和完善，成为了一个充满活力和创新性的语言系统。

（三）词根与词缀对汉语语言系统的影响

词根与词缀的丰富多样性为汉语提供了强大的表达能力。通过不同的词根和词缀组合可以构成大量新词和新义，使得汉语能够精确、生动地表达各种复杂的思想和情感。这种强大的表达能力是汉语成为世界上最具表现力和感染力的语言之一的重要原因之一。

词根与词缀的相互关系在一定程度上促进了汉语的规范化。词根作为词汇的核心部分，提供了词汇的基本意义；而词缀则通过附加在词根上构成新词，对词汇进行修饰和补充。这种构词方式使得汉语词汇具有一定的规律性和系统性，有利于语言的规范化和标准化。

第三章 汉语词汇的语义分析

第一节 汉语词汇意义的基本类型

一、汉语词汇意义的定义与分类

词汇作为语言的基石，承载着丰富的文化内涵。汉语词汇作为汉语这一古老而复杂语言体系的组成部分，其意义的定义与分类不仅关乎语言学的理论研究，更对语言实践、文化交流、教育教学等领域具有深远影响。

（一）汉语词汇意义的定义

汉语词汇意义是指汉语词汇在语言系统中所承载的特定语义内容，是词汇与客观世界、主观认知及社会文化之间联系的纽带。它不仅局限于词汇所指称的具体事物、现象或行为，还涵盖了词汇所蕴含的情感色彩、文化内涵、历史积淀、语境依赖性等多重维度。

从认知角度来看，汉语词汇意义是人们对客观世界主观认知的反映，是思维与语言的结合体。每个词汇都蕴含着人们对事物的感知、理解与评价，是认知活动在语言层面的体现。同时，汉语词汇意义也是社会文化的产物，它深受历史、地域、民族、宗教等多种社会文化因素的影响，体现了汉语文化的独特性与多样性。

（二）汉语词汇意义的内涵

汉语词汇的指称性是指词汇与客观世界之间的直接联系，即词汇所指称的具体事物、现象和行为。这是词汇意义的基础，也是语言交际中信息传递的核心。通过词汇的指称性，人们能够准确地描述客观世界，实现思想的交流与沟通。

汉语词汇中蕴含着丰富的情感色彩，如喜怒哀乐、爱恨情仇等。这些情感色彩不仅体现了人们对事物的态度与评价，还影响着语言交际中的情感表达与氛围营造。汉语词汇是汉文化的载体，它蕴含着深厚的文化内涵与历史积淀。许多词汇都承载着特定的文化信息，如风俗习惯、宗教信仰、历史故事等，体现了汉语文化的独特魅力。汉语词汇的意义往往依赖于特定的语境。在不同的语境中，同一个词汇可能具有不同的意义或用法。因此，在理解和使用汉语词汇时，需要充分考虑语境因素，准确把握词汇的真正含义。

（三）汉语词汇意义的分类

根据不同的分类标准，汉语词汇意义可以划分为多种类型。

1. 基本意义与派生意义

① 基本意义：基本意义是词汇在语言系统中最直接、最原始的意义，通常与词汇的指称性紧密相关，它是词汇意义的核心，也是语言交际中信息传递的基础。

② 派生意义：派生意义是在基本意义的基础上，通过语言运用中的比喻、借代、引申等修辞手法派生出来的意义，它丰富了词汇的意义体系，使得语言表达更加生动、形象。

2. 字面意义与隐喻意义

① 字面意义：字面意义是词汇按照其字面组合所直接表达的意义，是词汇意义的基础层面，它通常与词汇的指称性相对应，是语言交际中信息传递的主要依据。

②隐喻意义：隐喻意义是通过隐喻手法赋予词汇的新的意义，它突破了词汇字面意义的限制，使得语言表达更加富有创意与想象力。隐喻意义在诗歌、文学等艺术领域尤为常见。

3. 具体意义与抽象意义

①具体意义：具体意义是词汇所指称的具体事物、现象或行为的意义，它通常与客观世界紧密相关，是语言交际中信息传递的具体内容。

②抽象意义：抽象意义是词汇所表达的抽象概念、情感或思想的意义，它超越了具体事物的限制，体现了人们对世界的认知与思考。抽象意义在哲学、科学等领域具有重要地位。

4. 文化意义与社会意义

①文化意义：文化意义是词汇在特定文化背景下所承载的意义，它体现了汉语文化的独特性与多样性，是文化传承与交流的重要载体。

②社会意义：社会意义是词汇在社会生活中所扮演的角色和所起的作用，它反映了社会现象、社会关系、社会价值观等，是语言与社会互动的产物。

5. 情感意义与色彩意义

①情感意义：情感意义是词汇所蕴含的情感因素，如喜怒哀乐、爱恨情仇等，它体现了人们对事物的态度与评价，影响着语言交际中的情感表达。

②色彩意义：色彩意义是词汇所带有的特定色彩或倾向性，如褒义、贬义、中性等，它反映了人们对事物的价值判断与情感倾向，是语言表达中不可或缺的一部分。

（四）汉语词汇意义的复杂性与动态性

汉语词汇中存在着大量的一词多义现象，同一个词汇在不同的语境中可能具有完全不同的意义或用法。这种一词多义现象增加了语言表达的灵活性与丰富性，但也给语言学习者带来了一定的挑战。汉语词汇中存在着大量的同义词与近义词。这些词汇在意义上相近或相似，但在用法、搭配、语体色彩等方面却有所不同。因此，在语言表达中需要准确辨析同义词与近义词的差异，以选择合适的词汇进行表达。

反义词是汉语词汇中意义相反或相对的词汇，通过对比反义词，可以更加清晰地表达事物的特征与差异，增强语言表达的对比效果。语境对汉语词汇意义的理解与运用具有重要的制约与影响作用，在不同的语境中，同一个词汇可能具有不同的意义或用法。因此，在语言表达中需要充分考虑语境的因素，以准确把握词汇的真正含义并恰当运用。汉语词汇意义的历史演变与文化传承是汉语词汇发展的重要特征。随着历史的变迁与文化的传承，汉语词汇的意义也在不断变化与丰富。了解汉语词汇的历史演变与文化传承，有助于更深入地理解汉语词汇的意义与用法。

二、汉语理性意义与感性意义的区分

在汉语这一博大精深的语言体系中，词汇的意义并非单一而固定的，而是蕴含着丰富的层次和维度。其中，理性意义与感性意义作为词汇意义的两大重要方面，各自承载着不同的信息，共同构成了汉语词汇意义的完整画卷。

（一）理性意义的定义与特征

理性意义是指汉语词汇中与逻辑思维、客观事实、概念定义等理性认知活动直接相关的意义，它是词汇在特定语境下所表达的具体、明确、客观的信息，是语言交际中信息传递的主要载体。

理性意义的特征主要体现在：理性意义是基于客观事实、概念定义等形成的，它不受个人情感、主观认知的影响，具有普遍性和一致性。理性意义通常具有明确的定义和界限，能够清晰地表达事物的本质属性和特征。理性意义遵循逻辑思维的规律，能够构成严密的逻辑体系，支持语言的推理和论证功能。

在汉语中，理性意义主要通过名词、动词、形容词等实词来体现，例如，

"苹果"（名词）表示一种水果，"跑"（动词）表示一种动作，"红"（形容词）表示一种颜色。这些词汇的理性意义是明确、具体的，能够直接传达事物的本质信息。

（二）感性意义的定义与特征

感性意义则是指汉语词汇中与情感体验、主观感受、审美评价等感性认知活动直接相关的意义，它是词汇在特定语境下所激发的情感反应、审美体验或主观评价，是语言交际中情感传递和审美表达的重要手段。

感性意义是基于个人情感、主观感受形成的，它因人而异，具有多样性和个体差异性。感性意义往往难以用精确的语言来描述和界定，它更多地依赖于个人的直觉和感受。感性意义往往与审美活动紧密相连，能够激发人们的审美体验和情感共鸣。

在汉语中，感性意义主要通过形容词、副词、叹词等词汇及修辞手法来体现，例如，"美丽"（形容词）不仅表示事物的外观特征，还蕴含着人们对美的主观感受；"轻轻地"（副词）不仅描述动作的方式，还传达了温柔、细腻的情感氛围；"啊！"（叹词）则直接表达了强烈的情感反应。此外，比喻、拟人等修辞手法也能够增强词汇的感性意义，使语言表达更加生动、形象。

（三）理性意义与感性意义的表现形式

在汉语中，理性意义与感性意义并非截然分开，而是相互渗透、相互融合的。它们在不同的语境下以不同的形式表现出来，共同构成了汉语词汇意义的丰富性。

在词汇层面上，一些词汇本身就蕴含着丰富的理性意义和感性意义。例如，"爱"这个词，既表示一种情感状态（感性意义），又表示一种社会关系（理性意义）。在句子层面上，理性意义和感性意义往往通过不同的句式和修辞手法来体现。例如，陈述句主要传递理性意义，而感叹句、疑问句则更多地传递感性意义；比喻、拟人等修辞手法能够增强句子的感性色彩。在语境层面上，理性意义和感性意义往往受到语境的制约和影响。在不同的语境下，同一个词汇可能具有不同的理性意义和感性意义。因此，在理解和运用汉语词汇时，需要充分考虑语境的因素。

（四）理性意义与感性意义的相互关系

理性意义与感性意义在汉语词汇中并非孤立存在，而是相互联系、相互作用的。

理性意义和感性意义是汉语词汇意义的两个重要方面，它们相互依存、不可分割。没有理性意义，词汇就无法准确传达事物的本质信息；没有感性意义，词汇就无法激发人们的情感反应和审美体验。在汉语词汇中，理性意义和感性意义往往相互渗透、相互融合。一些词汇既具有明确的理性意义，又蕴含着丰富的感性意义；一些句子既传递理性信息，又表达情感态度。在特定的语境下，理性意义和感性意义可以相互转化。例如，一些原本具有理性意义的词汇，在特定的语境下可能被赋予新的感性意义；一些原本具有感性意义的词汇，也可能在特定的语境下被用作理性表达。

三、汉语语言意义与言语意义的联系

在探讨汉语这一丰富多彩的语言体系时，不可避免地要触及语言意义与言语意义这两个核心概念。它们既是语言学研究的重要对象，也是理解汉语表达、交流及文化传承的关键。

（一）语言意义与言语意义的定义

语言意义是指语言系统中词汇、语法结构等所承载的普遍、抽象、相对稳定的意义。它是语言共性的体现，不依赖于具体的言语行为或语境，而是语言本身固有的属性。在汉语中，语言意义通常通过词典中的释义、语法规则等来体现。

言语意义则是指在具体言语行为中，语言单位（如词汇、句子）所表达的特定、具体、动态的意义。它是语言个性的体现，与说话人的意图、听众的理解、语境等多种因素密切相关。在汉语中，言语意义往往需要通过语境分析、语用推理等手段来把握。

（二）语言意义与言语意义的区别

语言意义是抽象的，它概括了语言单位在多种语境下的共同特征；而言语意义则是具体的，它反映了语言单位在特定语境下的实际运用。语言意义相对稳定，它不会因语境的变化而发生根本性改变；而言语意义则具有动态性，它会随着语境、说话人意图等因素的变化而发生变化。语言意义是普遍的，它适用于所有使用该语言的人；而言语意义则具有个性，它因人、因时、因地而异。

（三）汉语语言意义与言语意义的联系

尽管语言意义与言语意义在定义和特性上存在差异，但在实际的语言运用中，它们却是紧密相连、不可分割的。

1. 语言意义是言语意义的基础

语言意义为言语意义提供了基本的语义框架和词汇选择。在汉语中，每个词汇都有其固定的语言意义，这些意义构成了言语表达的基础。语言意义中的语法规则也约束着言语意义的表达。汉语中的句法结构、语序等语法规则对言语的生成和理解起着重要的引导作用。

2. 言语意义丰富和发展了语言意义

言语意义在具体语境中的运用，往往能够赋予语言意义新的内涵和色彩。例如，在特定的文化背景下，某些汉语词汇可能承载着特殊的文化意义或情感色彩。言语意义还通过创新性的用法和表达，不断推动语言意义的发展和演变。在汉语中，新词新语的产生、旧词新义的赋予等，都是言语意义对语言意义丰富和发展的体现。

3. 语言意义与言语意义相互依存、相互作用

在实际的言语交际中，语言意义和言语意义是相互依存、相互作用的。没有语言意义提供的基础框架和词汇选择，言语意义就无法形成；而没有言语意义的具体运用和动态表达，语言意义也会显得空洞和抽象。在汉语学习中，掌握语言意义是理解言语意义的前提，而理解言语意义则是深化对语言意义认识的重要途径。

4. 语境是连接语言意义与言语意义的桥梁

语境是语言意义与言语意义相互转化的关键。在不同的语境下，同一个语言单位可能具有不同的言语意义。例如，在正式场合和非正式场合中，汉语词汇"你"可能分别表示尊敬和亲切的不同语气。语境还能够帮助我们准确理解言语意义中的隐含信息和弦外之音。在汉语中，许多言语表达都蕴含着丰富的文化内涵和情感色彩，这些都需要通过语境分析来把握。

（四）汉语语言意义与言语意义在言语交际中的重要作用

语言意义与言语意义的紧密结合，使得汉语能够准确、高效地传递信息。在言语交际中，人们通过运用语言意义和言语意义的组合，来表达自己的思想、情感和需求。通过巧妙运用语言意义和言语意义的差异与联系，人们可以创造出丰富多彩的言语表达形式。在汉语中，成语、俗语、歇后语等富有特色的言语形式，都是语言意义与言语意义相互作用的产物。

汉语语言意义与言语意义的独特性和丰富性，体现了汉文化的深厚底蕴和独特魅力。在言语交际中，人们通过运用具有文化特色的词汇和表达方式，来展示自己的文化身份和认同感。语言意义与言语意义的相互作用和相互影响，是推动汉语不断发展和演变的重要动力。在汉语的历史进程中，新词新语的产生、旧词新义的赋予等，都是语言意义与言语意义相互作用的结果。

四、汉语词汇意义在语境中的变化

汉语词汇作为汉语语言的基本构成单元，其意义并非一成不变。在不同

的语境下，词汇的意义可能会发生微妙甚至显著的变化。这种变化不仅体现了语言的灵活性和丰富性，也反映了语言与语境之间的密切关系。

（一）语境的定义与重要性

语境是指语言使用时的环境，包括语言发生的物理环境（如时间、地点、场合）、社会环境（如说话人与听话人的关系、文化背景）、心理环境（如说话人与听话人的心理状态、情感倾向），以及语言本身的上下文环境。语境是理解语言、把握词汇意义的关键。

在汉语中，语境的重要性不言而喻。由于汉语词汇往往具有多重意义，且这些意义之间可能存在较大的差异，因此，没有语境的指引，很难准确理解词汇在特定句子或篇章中的具体含义。

（二）语境对词汇意义的影响

在特定的语境中，词汇的某些意义可能被排除，而只留下与语境相符的意义。例如，"打"在汉语中是一个多义词，但在"打电话"这 语境中，其意义就被限定为"使用电话进行通话"。语境有时会给词汇增添新的意义或色彩。这种增添可能是临时的，也可能是长期的，甚至可能促成词汇意义的演变。例如，"网红"一词原本并不存在于汉语词汇中，但随着网络文化的兴起，它逐渐被赋予了"在网络上走红的人"这一新意义。

在某些语境下，词汇的意义可能会发生根本性的变化。这种变化可能是由语境中的某些特定因素引起的，如说话人的意图、听话人的理解、文化背景等。例如，"黑色"在一般情况下表示颜色，但在"黑色幽默"这一语境中，它则与幽默的讽刺、荒诞等特质联系在一起。

（三）不同语境下词汇意义的变化类型

物理语境，如时间、地点、场合等，对词汇意义的影响是显而易见的。例如，"衣服"在夏天可能指的是轻薄、透气的衣物，而在冬天则可能指的是厚重、保暖的衣物。社会语境，如说话人与听话人的关系、文化背景等，也会对词汇意义产生影响。例如，"老师"在中国文化中通常指的是教育工作者，但在某些地区或文化中，它可能还包含着尊重、敬仰等额外的意义。

心理语境，如说话人与听话人的心理状态、情感倾向等，同样会影响词汇的意义。例如，"笑"在一般情况下表示开心、愉快，但在某些情况下，如苦笑、冷笑等，它可能表示的是无奈、讽刺等复杂的情感。上下文语境是理解词汇意义的重要依据。在同一个句子或篇章中，词汇的意义往往会受到前后文的影响而发生变化。例如，"他走了"这一句子中的"走"，在不同的上下文中可能表示离开、去世、行走等多种意义。

（四）词汇意义变化对语言理解和运用的启示

在学习和运用汉语时，应该增强语境意识，学会根据语境来理解和把握词汇的具体意义。这有助于我们更准确地理解语言、更有效地进行交际。汉语词汇的多样性是其魅力所在，但也是理解和运用的难点。我们应该注意词汇在不同语境下的多种意义，并学会灵活运用它们来表达自己的思想和情感。

语感是对语言的敏感性和直觉性，通过大量的阅读、听力和口语练习，可以逐渐培养出对汉语词汇意义变化的敏感度，从而更准确地把握语言的意义和用法。汉语词汇意义的变化往往与文化背景密切相关。在跨文化交际中，应该尊重文化差异，了解不同文化背景下的词汇意义和使用习惯，以避免误解和冲突。

第二节　汉语词汇意义的演变机制

一、汉语词汇意义演变的原因与动力

汉语词汇作为汉语语言的核心组成部分，其意义并非静态不变，而是随着历史的发展、社会的变迁、文化的交流及人们认识的深化而不断演变。这种演变不仅丰富了汉语词汇的内涵，也反映了汉语语言系统的动态性和适应性。

（一）社会发展与制度变革的推动

语言是社会的产物，其发展变化无时无刻不受到社会因素的影响。社会的发展与制度变革是推动汉语词汇意义演变的重要动力之一。

在人类社会的发展进程中，社会制度的更替和变革带来了新事物的产生和旧事物的消失，这些变化直接反映在词汇中。例如，从封建社会的"皇帝""嫔妃"到现代社会的"总统""首相"，从计划经济时期的"粮票""布票"到市场经济下的"信用卡""支付宝"，这些词汇的兴衰存亡是社会制度变革在词汇中的映射。随着经济的发展和生产力的进步，新科技、新产业、新产品层出不穷，这些新事物需要新的词汇来命名和描述。例如，"互联网""智能手机""人工智能"等词汇的出现，正是生产力发展推动词汇创新的体现。在全球化背景下，不同国家和地区之间的交流日益频繁，语言之间的接触和借用也变得更加普遍。这种交流不仅丰富了汉语词汇系统，也促进了词汇意义的演变。例如，"迪斯科""卡拉 OK""托福"等外来词汇的引入，不仅丰富了汉语词汇的表达方式，也反映了中外文化交流的深入。

（二）人们认识的发展与深化

人类社会的发展不仅体现在物质层面，更体现在精神层面，即人们对客观世界的认识不断深化。这种认识的发展也是推动汉语词汇意义演变的重要因素。

概念是科学在一定发展阶段上对某一类客观对象的全部特征及其复杂联系的认识。随着人们对某些概念的认识逐步深化或提高，直接导致了词或词义的变化。例如，"病毒""抗体"等词汇的出现，反映了医学科学对微生物和免疫系统认识的深化；"原子""纳米"等词汇则体现了物理学对微观世界认识的进步。

观念是指词所反映出来的人们的思想意识和感情态度。观念的变化可以带来旧词的消亡、新词的产生和词义的变化。例如，"贱人""糟糠"等词因反映封建观念而逐渐消亡；"保姆""家政服务员"等词则体现了现代人对家政服务行业的重新认识。此外，随着开放意识和婚姻观念的变化，"离婚"等词的隐含意义也逐渐淡化。

（三）词汇系统内各成员的相互影响

汉语词汇系统是一个复杂的网络结构，其中各成员之间存在着密切的联系和相互影响。这种相互影响也是推动词汇意义演变的重要因素之一。

词义引申是指一个词在保持其基本意义不变的基础上，通过联想、比喻等方式产生出新的意义。这种引申往往基于人们对事物之间相似性或相关性的认识。例如，"风马牛不相及"中的"风"原本指空气流动形成的风，后引申为没有联系、不相干的意思。

词义感染是指一个词的意义变化影响到与之相关的其他词的意义变化。这种感染往往基于词汇之间的语义关联或语用习惯。例如，"美女"一词原本指容貌美丽的女子，后来逐渐感染到"美男""美景"等词汇上，使它们也带上了"美丽"的含义。

语法是词汇组合成句的规则系统，语法的变化往往会导致词汇用法的变化进而影响词汇的意义。例如，在现代汉语中，"很+形容词"的结构非常普遍，这种语法现象促使了"很美丽""很聪明"等表达方式的产生和发展。

（四）语言接触与借用的影响

语言之间的接触和借用是语言发展过程中的普遍现象，这种接触和借用不仅丰富了汉语词汇系统，也促进了词汇意义的演变。

随着中外文化交流的深入，大量外来词汇被引入汉语中，这些词汇不仅丰富了汉语词汇系统，也带来了新的词义和表达方式。例如，"咖啡""巧克力"等词汇直接反映了西方饮食文化的传入；"克隆""因特网"等词汇则体现了现代科技对汉语词汇系统的影响。

除了直接引入外来词汇外，汉语还通过借用本土词汇来表达新事物、新概念。这种借用往往基于人们对事物之间相似性或相关性的认识。例如，"山寨"一词原本指一种简陋的住所或设施，后来被借用指称仿制品或盗版产品；"草根"一词原本指草的根部，后来被借用指称普通民众或基层群众。

二、汉语词汇意义演变的类型与过程

汉语词汇作为汉语语言的基本构成元素，其意义并非一成不变，而是随着历史的推进、社会的发展、文化的交融及人们认知的深化而不断演变。这种演变不仅丰富了汉语词汇的内涵，也展现了汉语语言的生命力和适应性。

（一）汉语词汇意义演变的类型

汉语词汇意义的演变可以划分为多种类型，这些类型反映了词汇意义变化的不同方式和特点。

词义扩大是指一个词原来只表示某一特定意义，后来逐渐扩展到表示更广泛的意义。例如，"江"原本专指长江，后来泛指一切大河；"菜"原本专指蔬菜，后来包括了肉类等食材。这种演变通常是由于人们对事物认识的深化和抽象思维的发展。与词义扩大相反，词义缩小是指一个词原来表示的意义范围较广，后来逐渐缩小到只表示某一特定意义。例如，"臭"原本表示一切气味，包括香味和臭味，后来逐渐缩小为专指臭味；"妻子"原本包括妻子和儿女，后来缩小为专指妻子。这种演变往往是语言精确性的提高和词汇分工的细化所致。

词义转移是指一个词的意义从原来表示的事物转移到表示另一事物，这种转移可能是基于事物之间的相似性、相关性或某种隐喻关系。例如，"手足"原本表示人的手和脚，后来引申为表示兄弟姐妹之间的亲密关系；"领袖"原本表示衣领和衣袖，后来引申为表示领导者或带头人。有些词在长期使用过程中，其感情色彩可能会发生变化。例如，"小姐"在古代是对未婚女子的尊称，但在现代社会中，有时却带有轻蔑或调侃的意味。这种变化往往与社会的文化观念、价值观念及人们的心理状态有关。

随着社会的发展和新事物的出现，一些旧词被赋予了新的意义。这些新意义可能与旧意义有某种联系，也可能是完全全新的。例如，"网"原本表示捕鱼或捕鸟的工具，后来随着互联网的发展，被赋予了"网络"的新意义。在中外文化交流的过程中，一些外来词汇被引入汉语中，并逐渐被汉化，融入了汉语词汇系统。这些外来词汇不仅丰富了汉语词汇的表达方式，也带来了新的词义和观念。例如，"咖啡""沙发"等词汇就是外来词义的融入。

（二）汉语词汇意义演变的过程

汉语词汇意义的演变是一个复杂而漫长的过程，它受到多种因素的共同影响。

① 初始阶段：在这个阶段，一个新词或新意义刚刚产生，其使用范围和频率都相对有限。这个阶段的新词或新意义往往与特定的语境或领域相关联，尚未被广泛接受和认可。

② 扩散阶段：随着新词或新意义在特定语境或领域中的成功使用，它们逐渐开始向其他语境和领域扩散。这个阶段的扩散可能是通过口语传播、书面记录、媒体宣传等方式实现的。随着扩散范围的扩大，新词或新意义的使用频率也逐渐增加。

③ 稳定阶段：当新词或新意义在多个语境和领域中得到广泛使用，并逐渐被大多数人接受和认可时，它们就进入了稳定阶段。在这个阶段，新词或新意义的意义和用法相对固定下来，成为汉语词汇系统的一部分。

④ 再演变阶段：词汇意义的演变并不会停止在稳定阶段，随着社会的不

断发展、文化的不断交融及人们认知的不断深化，一些稳定下来的词汇意义可能会再次发生变化。这种变化可能是词义的扩大、缩小、转移等，也可能是旧词新义的产生或外来词义的融入。

在汉语词汇意义演变的过程中，多种因素起着共同的作用。这些因素包括社会的发展、文化的交流、人们认知的深化、语言系统的内部调整等。这些因素相互交织、相互影响，共同推动了汉语词汇意义的演变和发展。

三、汉语词汇意义演变的文化背景

语言是人类社会交流的重要工具，而词汇作为语言的基本单位，其意义随着时代的变迁而不断演变。这种演变不仅反映了社会、政治、经济、科技等多方面的变化，更深刻地体现了文化背景对词汇意义的影响。在古代中国的时代背景下，词汇的演变主要受到了政治、社会、文化等多重因素的影响。以《诗经》中的词语为例，这些词语不仅反映了当时的社会状况，还体现了人们的思想观念。例如，"燕"一词在《诗经》中被用来指代鸟类，但随着时间的推移，其含义逐渐扩展到表示国家名称，象征了当时社会政治的变迁。这种变化不仅体现了词汇意义的丰富性，也反映了社会历史的发展脉络。

政治因素在词汇意义演变中扮演着重要角色。例如，"左"和"右"在古代除了表示方位外，还用以表示尊卑。这种用法的背后，是古代社会严格的等级制度和礼仪规范。随着历史的发展，这些词语的政治含义逐渐淡化，但在特定的历史语境中，它们仍然承载着丰富的文化内涵。社会变迁是推动词汇意义演变的重要因素。改革开放以来，中国社会由封闭走向了开放，经济、政治、文化等方面都发生了巨大的变化。这些变化在词汇中得到了充分体现。例如，"网络"一词在 20 世纪 80 年代才开始出现，而在当今社会已经成为人们生活中不可或缺的一部分。这反映了科技时代下信息传播方式的变革和社会发展的需求。同时，随着全球化的深入，外来词在汉语中的使用频率越来越高，如"咖啡"一词最早是从阿拉伯语中引进的，经过汉字的拆分和读音的变化，逐渐形成了现代汉语中的"kafei"的发音和意义。这些外来词的使用不仅丰富了汉语词汇，也反映了中国与世界的文化交流和交融。

文化心理结构对词汇意义的影响也是不可忽视的。一个民族的思维方式、文化心理结构会融入这个民族的语言中，构成词汇的文化背景。例如，"巾帼英雄"一词直接解释是指女中豪杰，但如果不了解巾帼的文化背景，就很难理解这个词的深层含义。巾帼是古时候的贵族妇女常在举行大典时戴的一种头饰，因巾帼这类物品是古代妇女的高贵装饰，所以人们便称女中豪杰为巾帼英雄。这种文化心理的融入使得词汇意义更加丰富和生动。

新词新义的产生是词汇意义演变的重要表现。随着社会的不断发展，新事物、新观念、新现象不断涌现，大量新词新义也随之产生。这些新词新义不仅丰富了汉语日常语言词汇，还增强了汉语的表达能力。同时，它们也是文化传播的重要途径。在新闻报道中，新词新语出现的频率非常高，特别是民生新闻节目中大量使用汉语新词，使得新闻更加贴近民众生活，具有更强的表现力和感染力。这些新词新义的产生和传播不仅反映了社会生活的变化，也体现了文化的多样性和包容性。在当前网络文化背景下，词汇意义的演变呈现出新的特点。网络语言以其独特的表达方式和创新性的词汇意义受到了广泛关注。例如，"可爱"一词原本是令人喜爱、讨人欢喜的意思，但在网络文化的影响下词义则变成了可怜没人爱的意思。这种变化不仅体现了网络语言的创新性和灵活性，也反映了网络文化对词汇意义的影响。同时，网络语言中的一些新词新义也通过社交媒体等渠道迅速传播开来，对汉语词汇系统产生了深远的影响。

四、汉语词汇意义演变的规律与趋势

汉语作为世界上最古老的语言之一，其词汇的意义在历史长河中经历了复杂而多样的演变过程。这种演变不仅受社会、政治、经济、文化等多重因素的影响，还遵循着一定的内在规律，展现出特定的趋势。

（一）词汇意义演变的规律

词汇的意义演变往往与社会发展紧密相连，科技的进步、经济的繁荣、文化的交流，以及新事物、新概念不断涌现，促进了新词汇的产生和旧词汇意义的演变。例如，随着互联网的普及，"云计算""大数据""人工智能"等新词汇迅速进入汉语体系，丰富了汉语的表达方式。同时，一些传统词汇也随着社会变迁而产生了新的含义，如"网红"一词原指网络红人，现在更广泛地用于形容在网络上具有极高关注度的人物或事件。不同文化之间的交流也是词汇意义演变的重要驱动力。随着全球化的发展，不同民族、不同国家的文化相互渗透，外来词汇被引入并逐渐融入本土语言体系。在汉语中，大量外来词汇如"咖啡""沙发""巧克力"等已成为日常用语，这些词汇的引入不仅丰富了汉语词汇库，也反映了中外文化的交流与融合。

词汇的意义演变往往伴随着词义的分化与引申，一个词汇原本可能只有一个基本意义，但随着使用范围的扩大和语境的变化，其意义逐渐分化出多个相关联但又有区别的意义。同时，一些词汇在基本意义的基础上引申出新的含义，这些新含义与基本意义之间往往存在某种逻辑或联想关系。例如，"老"一词原指年龄大，后来引申为经验丰富、资格老练等含义。词汇的意义演变也受到语言规范和约定俗成的影响。语言规范对词汇的使用进行了一定的约束和规定，使得词汇的意义在一定范围内保持相对稳定。同时，人们在长期的语言实践中形成了一些习惯用法和固定搭配，这些用法和搭配逐渐成为语言的约定俗成部分，对词汇意义的演变产生了一定影响。例如，"打酱油"一词原指购买酱油的行为，但在网络语境下逐渐引申为对某事不关心或不了解的态度。

（二）词汇意义演变的趋势

随着社会的不断发展和全球化的深入推进，汉语词汇的意义演变呈现出多元化与包容性的趋势。不同文化、不同领域的词汇相互交织、相互影响，使得汉语词汇体系更加丰富多彩。同时，人们对词汇的使用也更加开放和包容，一些原本不被接受或边缘化的词汇逐渐进入主流语言体系。科技和网络的发展对汉语词汇意义演变产生了深远影响。大量科技词汇和网络词汇不断涌现，并迅速融入日常生活用语中。这些词汇不仅反映了科技发展的最新成果和网络文化的独特魅力，也推动了汉语词汇体系的不断更新和拓展。例如，"区块链""直播带货""元宇宙"等新词汇的出现，不仅丰富了汉语的表达方式，也反映了科技和网络对人们生活的深刻影响。

在信息爆炸的时代背景下，汉语词汇的意义演变呈现出快速更新与动态变化的趋势。新词汇的产生和旧词汇意义的演变速度大大加快，使得汉语词汇体系始终处于一种动态变化的状态中。这种变化不仅反映了社会生活的快速变迁和人们思想观念的不断更新，也对汉语词汇的学习和使用提出了更高要求。虽然词汇的意义演变呈现出多元化和动态变化的趋势，但规范化与标准化始终是汉语词汇发展的重要方向。随着国家对语言文字工作的重视和推进，汉语词汇的规范化与标准化水平不断提高。通过制定和实施一系列语言文字规范和标准，对词汇的使用进行了一定的约束和规定，使得汉语词汇体系更加规范和统一。这种规范化与标准化不仅有助于促进语言的沟通和理解，也有助于传承和弘扬中华优秀传统文化。

第三节　同义词与反义词的辨析

一、汉语同义词的定义与特点

（一）汉语同义词的定义

汉语同义词是指那些在意义上相同或相近的词语。这些词语在形式上可能不完全相同，但它们所表达的概念或情感在某种程度上是一致的。同义词是语言中不可或缺的一部分，它们不仅丰富了语言的表达方式，还增强了语言的表达力。根据同义词之间意义的接近程度，同义词可进一步细分为等义词和近义词两类。等义词指的是意义完全相同，在任何语境下都可以相互替换的词语，如"演讲"与"讲演"、"维他命"与"维生素"等。而近义词则是指意义相近但不完全相同，在特定语境下不能随意替换的词语，如"优秀"与"优良"、"企图"与"打算"等。

（二）汉语同义词的特点

同义词之间最显著的特点就是语义相似性。这些词语在表达某一概念或情感时，虽然用词不同，但所传达的信息基本一致。例如，"华丽"与"富丽"、"漂亮"与"美丽"等，这些词语在描述事物的美好或精致时，具有高度的相似性。这种语义相似性使得同义词在语言表达中能够相互替换，从而实现语言的多样性和灵活性。尽管同义词在语义上相近，但在具体用法上往往存在一定的差异。这些差异可能体现在搭配对象、语法功能、适用语境等多个方面。例如，"爱护"和"爱戴"虽然都表示对某人或某物的喜爱和尊重，但"爱护"通常用于对物或对下级的关怀和保护，而"爱戴"则更多地用于对上级或长辈的尊敬和拥护。因此，在具体语境中，同义词的选择和使用需要根据语境和表达需要来决定。

同义词之间在适用范围上也可能存在差异，有些同义词虽然意义相近，但在使用范围上却有所不同。例如，"餐具"和"餐刀"就是一对同义词，但"餐具"是一个更广泛的概念，包括所有用于餐饮的器皿和工具，而"餐刀"则仅指其中的一种具体工具。这种差异使得同义词在语言表达中能够更加精确和具体地描述事物或现象。同义词之间还可能带有不同的风格色彩或感情色彩，这些色彩差异可能源于词语的历史渊源、文化背景、社会习俗等方面。例如，"火车"和"列车"虽然都指同一种交通工具，但"火车"一词显得更平易近人、贴近生活，而"列车"则显得更为正式、庄重。这种风格色彩的不同使得同义词在语言表达中能够根据不同的语境和表达需要来选择合适的词语。

汉语同义词的丰富性和多样性还与其历史文化背景密切相关。汉语作为世界上最古老的语言之一，拥有悠久的历史和丰富的文化遗产。这些历史和文化因素不仅塑造了汉语同义词的丰富性，还使得同义词之间在意义、用法、风格色彩等方面呈现出复杂多样的关系。例如，"死"一词在不同的历史和文化背景下就有多种表达方式，如"老了""长眠""报销"等，这些表达方式不仅丰富了语言的表达力，还反映了人们对死亡的不同认识和情感态度。同义词之间在语音上通常不具有相关性，这是因为同义词的定义主要基于语义上的相似性，而非语音上的相似性。因此，同义词之间在发音、声调等方面往往没有直接的联系。这种语音不相关性使得同义词在语言表达中能够独立于语音形式而存在，从而增强了语言的灵活性和多样性。同义词之间是相互的，即如果 A 词是 B 词的同义词，那么 B 词也必然是 A 词的同义词。这种相互性使得同义词之间在语言表达中能够形成相互补充和相互印证的关系，从而增强了语言的准确性和严密性。

（三）汉语同义词的作用

汉语同义词在语言表达中发挥着重要的作用，它们不仅丰富了语言的表达方式，还增强了语言的表达力。通过运用同义词，人们能够更加精确、具体地描述事物或现象；能够更加生动、形象地表达思想感情；还能够根据不同的语境和表达需要来选择合适的词语，从而实现语言的多样性和灵活性。同时，同义词的存在也为汉语的学习和教学提供了重要的素材和资源。通过学习同义词的定义、特点、用法等知识，人们能够更好地掌握和运用汉语这门语言工具，提高自己的语言表达能力和文化素养。

二、汉语反义词的定义与类型

（一）汉语反义词的定义

反义词是指在意义上相互对立或相对的一组词，这种对立或相对关系，可以体现在概念、性质、状态、行为等多个层面。从广义上讲，任何两个在意义上存在显著差异，且能在特定语境下形成鲜明对比的词，都可被视为反义词。然而，值得注意的是，反义词的对立并非绝对，往往受到语境、文化、时代等多种因素的影响。

（二）汉语反义词的类型

绝对反义词指的是那些意义完全相反，且不存在中间状态或过渡地带的词对。绝对反义词通常涉及基本概念的划分，如"生"与"死"、"是"与"否"、"真"与"假"，它们在逻辑上构成了严格的二元对立，是语言表达中最为直接和明确的一种对比方式。绝对反义词的存在，为语言提供了清晰的界限，帮助人们准确表达事物的本质属性。

相对反义词则是指那些意义相对，但并非截然相反的词对。它们之间的对立更多体现在程度、数量或质量上的差异，如"高"与"低"、"大"与"小"、"快"与"慢"。相对反义词的对比，往往伴随着中间状态的存在，使得语言表达更加细腻和丰富。这类反义词在描述事物特征、比较事物差异时，具有不可替代的作用。

互补反义词是指那些意义上相互补充，共同构成一个完整概念或情境的词对。这类反义词通常反映了事物之间的内在联系和相互依存关系，如"男"与"女"、"买"与"卖"、"上"与"下"。互补反义词的存在，揭示了事物之间的平衡与和谐，是语言表达中不可或缺的一部分。它们通过对比和映衬，突出了事物之间的互补性和整体性。

关系反义词是指那些表示相反关系或立场的词对。这类反义词通常涉及社会角色、人际关系或行为态度的对比，如"父母"与"子女"、"老师"与"学生"、"主人"与"客人"。关系反义词的对比，不仅体现了人们在社会生活中的不同角色和立场，还反映了人们对这些关系的认知和评价，它们在语言表达中常用于描述人际关系、社会现象等复杂情境。

情感反义词是指那些表示相反情感或态度的词对。这类反义词通常涉及人们内心的情感体验和情绪反应，如"爱"与"恨"、"喜"与"怒"、"乐"与"悲"。情感反义词的对比，深刻揭示了人们情感的复杂性和多样性，它们在语言表达中，常用于表达人们的情感状态、心理变化等内心世界。情感反义词的存在，使得语言表达更加生动和感人。

语境反义词是指在特定语境下才具有反义关系的词对。这类反义词的意义和用法往往受到语境的限制和影响，例如，"买"与"卖"在商品交易语境下是反义词，但在其他语境下可能并不构成反义关系。语境反义词的对比，体现了语言表达的灵活性和多变性，它们在特定的语境中，能够准确传达出事物的特征和关系，增强语言表达的准确性和生动性。

（三）反义词在汉语中的功能与作用

反义词在汉语中扮演着多重角色，它们不仅丰富了语言的表达方式，还增强了语言的逻辑性和系统性。通过反义词的对比和映衬，人们能够更加准确地描述事物、表达思想、传递情感。同时，反义词的存在也反映了人们对世界二元对立关系的认知和评价。在文学创作、日常交流、学术研究等多个领域，反义词都发挥着不可替代的作用。

三、汉语同义词与反义词的辨析方法

（一）同义词的辨析方法

1. 意义辨析

同义词是指在基本意义或主要意义上相同或相近的一组词。然而，同义词之间的意义并非完全相同，往往存在细微的差别。辨析同义词时，首先要关注它们的意义差异。这包括词义的范围、侧重点、感情色彩、语体色彩等方面。

① 词义范围：有些同义词在词义范围上有所不同。例如，"树"和"树木"都指生长在地面上的植物，但"树"通常指具体的某一棵树，而"树木"则更多地用于泛指多棵树。

② 侧重点：同义词可能强调不同的方面，例如，"美丽"和"漂亮"，两者都表示外观上的吸引力，但"美丽"更侧重于整体的和谐与优雅，而"漂亮"则更侧重于外表的亮丽和时尚。

③ 感情色彩：同义词可能带有不同的感情色彩，例如，"狡猾"和"机智"在某种程度上都表示聪明且善于应变，但"狡猾"通常带有贬义，而"机智"则带有褒义。

④ 语体色彩：同义词可能适用于不同的语体，例如，"父亲"和"爸爸"，"父亲"更正式，适用于书面语或正式场合，而"爸爸"则更口语化，适用于日常交流。

2. **用法辨析**

除了意义差异外，同义词在用法上也可能有所不同，这包括词的搭配、句法功能、语法特点等方面。

① 词的搭配：有些同义词在与其他词的搭配上有固定的习惯，例如，"提高"和"提升"都表示使某物变得更高或更好，但"提高"通常与"水平""质量"等词搭配，而"提升"则更多地与"地位""职位"等词搭配。

② 句法功能：同义词在句子中可能扮演不同的角色，例如，"美丽"和"漂亮"都可以作形容词修饰名词，但"美丽"还可以作动词表示使某物变得美丽，而"漂亮"则较少这样使用。

③ 语法特点：有些同义词在语法上有特殊的要求或限制，例如，"巨大"和"宏大"都表示规模或程度的大，但"巨大"通常用于形容具体的事物，而"宏大"则更多用于形容抽象的概念或计划。

3. 语境辨析

同义词的选择往往受到语境的制约，在不同的语境下，即使意义相近的同义词也可能有不同的适用性和表达效果。因此，辨析同义词时还需要考虑语境因素。

① 正式与非正式语境：在正式场合或书面语中，应选择更正式、更书面的同义词；而在非正式场合或口语中，则可以选择更口语化、更随意的同义词。

② 具体与抽象语境：在具体语境中，应选择更具体、更形象的同义词；而在抽象语境中，则可以选择更抽象、更概括的同义词。

③ 情感与态度语境：在表达不同情感和态度的语境中，应选择带有相应感情色彩和态度倾向的同义词。

（二）反义词的辨析方法

1. 意义辨析

反义词是指在意义上相对或相反的一组词。辨析反义词时，首先要关注它们的意义对立关系，这包括绝对反义词和相对反义词两种类型。

① 绝对反义词：绝对反义词表示两个完全相反的概念或状态，如"生"与"死"、"是"与"非"。这类反义词在意义上没有中间状态或过渡地带，是非此即彼的关系。

② 相对反义词：相对反义词表示两个在程度上相对立的概念或状态，如"高"与"低"、"大"与"小"。这类反义词在意义上存在中间状态或过渡地带，是程度上的对比关系。

2. 用法辨析

反义词在用法上也可能有所不同，这主要体现在词的搭配、句法功能、修辞效果等方面。

① 词的搭配：有些反义词在与其他词的搭配上有固定的习惯，例如，"增加"和"减少"都表示数量的变化，但"增加"通常与"数量""速度"

等词搭配，而"减少"则与"数量""压力"等词搭配。

② 句法功能：反义词在句子中可能扮演不同的角色，例如，"前进"和"后退"都可以作动词表示动作的方向，但"前进"通常用于表示向前的动作或状态，而"后退"则用于表示向后的动作或状态。

③ 修辞效果：反义词在修辞中常用于对比和映衬，以突出事物之间的差异和矛盾。例如，"黑白分明""是非分明"等成语就是利用反义词的对比效果来强调事物的清晰和明确。

3. 语境辨析

反义词的选择同样受到语境的制约，在不同的语境下，即使意义相反的反义词也可能有不同的适用性和表达效果。

① 具体与抽象语境：在具体语境中，应选择更具体、更形象的反义词；而在抽象语境中，则可以选择更抽象、更概括的反义词。例如，在描述物理现象时，可以选择"正"与"负"这样的具体反义词；而在描述道德观念时，则可以选择"善"与"恶"这样的抽象反义词。

② 情感与态度语境：在表达不同情感和态度的语境中，应选择带有相应感情色彩和态度倾向的反义词。例如，在表达喜爱与厌恶的情感时，可以选择"喜欢"与"讨厌"这样的反义词；而在表达赞同与反对的态度时，则可以选择"支持"与"反对"这样的反义词。

③ 文化与习俗语境：在不同的文化和习俗背景下，反义词的选择也可能有所不同。例如，在某些文化中，"白色"可能象征纯洁和吉祥，而在其他文化中则可能象征死亡和哀悼。因此，在选择反义词时，还需要考虑文化和习俗的因素。

四、汉语同义词与反义词在语言表达中的作用

（一）同义词在语言表达中的作用

同义词的存在使得汉语在表达同一概念时能够拥有更多的选择，这种选

择性不仅有助于避免词汇的重复使用，还能根据具体语境和表达需求，选用最贴切、最精确的词汇。例如，在描述"看"这一动作时，汉语中就有"见、望、瞭、盯、瞥、瞄、注视、窥视、俯视、仰视、瞻仰"等众多同义词，它们分别适用于不同的场景和情感表达，使得语言的表达更加细腻和准确。同义词之间往往存在微妙的差别，这些差别不仅体现在词义范围、侧重点上，还体现在感情色彩和语体风格上。通过精心选用同义词，作者可以更加鲜明地塑造人物形象，传达特定的情感色彩。例如，鲁迅笔下的孔乙己，在描述其拿钱动作时，通过"偷"与"窃"的巧妙运用，深刻揭示了其迂腐与无奈的心态。这种同义词的选用，不仅丰富了文本的内涵，也增强了读者的情感共鸣。

同义词的换用和连用是汉语表达中的一种常见手法，通过在不同语境下灵活换用同义词，可以使语句更加生动活泼，避免单调乏味。同时，同义词的连用还能加强语势，使语义更加明朗，情文并茂。例如，在诗歌创作中，诗人常常通过同义词的连用来营造优美的意境和强烈的节奏感，使诗歌更具感染力和艺术性。同义词的巧妙运用还能在无形中增强语言的表达效果。通过选用恰当的同义词，作者可以更加精准地传达自己的意图和情感，使读者更加清晰地理解文本的主旨和深层含义。此外，同义词的运用还能丰富文本的表达手段，使语言更加丰富多彩，具有更强的表现力和感染力。

（二）反义词在语言表达中的作用

反义词通过其对立关系，在语言表达中形成了鲜明的对比效果，这种对比不仅有助于突出事物的特点，还能增强语言的表现力和感染力。例如，在描述一个人物的性格时，使用"勇敢"与"懦弱"这一对反义词，可以更加鲜明地刻画出人物的正反两面，使读者对其性格特征有更深刻的印象。反义词在构建对偶句方面发挥着重要作用，通过对偶句的使用，可以使句子结构工整、音韵和谐，增强语言的节奏感和美感。同时，反义词在对偶句中的对比效果还能加强句子的表达力度，使读者更加深刻地感受到作者想要传达的情感和观点。例如，"虚心使人进步，骄傲使人落后"这一对偶句，通过"虚心"与"骄傲"这一对反义词的对比，鲜明地表达了作者对于谦虚与骄傲两种态度的看法和评价。

反义词通过其对立关系，能够概括出整个概念的两端，使得叙述更加简练明确。在表达复杂概念或进行逻辑推理时，反义词的运用可以帮助作者更加清晰地勾勒出事物的轮廓和范围，使读者更容易理解和接受。例如，在哲学讨论中，通过"存在"与"不存在"这一对反义词的对比，可以更加明确地阐述事物的本质属性和存在状态。学习和掌握反义词对于提升人们的思维能力和表达能力具有重要意义。通过反义词的运用，人们可以更好地理解事物的对立关系和发展规律，培养逆向思维能力和辩证思维能力。同时，反义词的丰富性和多样性也有助于提升人们的词汇量和表达水平，使语言更加精准、生动和富有感染力。

第四节　多义词与同音词的区分

一、汉语多义词的定义与特点

（一）汉语多义词的定义

多义词是指一个词汇具有多个意义或用法。在汉语中，多义词是指那些在同一个语音形式下，具有两个或两个以上不同意义，且这些意义之间没有明显联系的词。这些不同的意义可能是由词的本义引申出来的，也可能是由于历史演变、文化积淀、语言习惯等因素而形成的。

多义词与同义词、反义词等词汇类型存在明显的区别。同义词是指意义相同或相近的词，而多义词则是一个词具有多个不同的意义。反义词是指意义相对或相反的词，而多义词的各个意义之间并没有直接的对立关系。因此，多义词在汉语词汇中占据了一个独特的地位。

（二）汉语多义词的特点

多义词最显著的特点就是其意义的多样性，一个多义词可以具有多个不同的意义，这些意义可能涉及不同的领域、不同的语境和不同的表达方式。例如，"头"这个词，在"头发"中指的是人体的一个部分，在"头领"中则指的是领导或首领的意思，而在"头一遭"中又表示第一次或首次的意思。这种意义的多样性使得多义词在语言表达中具有极高的灵活性和适应性。多义词的各个意义并不是孤立存在的，它们往往与特定的语境紧密相连。在不同的语境下，多义词可能呈现出不同的意义。因此，理解和运用多义词时，必须结合具体的语境进行分析和判断。例如，"打"这个词，在"打水"中表示的是取水的动作，在"打球"中则表示的是击球的动作，而在"打电话"中则又表示的是通话的动作。这种语境依赖性使得多义词在语言表达中更加生动和形象。

多义词的意义往往不是一成不变的，它们会随着历史的发展、社会的变迁和文化的演变而发生变化。一些多义词的原始意义可能已经逐渐淡化或消失，而新的意义则不断涌现和丰富。例如，"兵"这个词，在古代主要指的是士兵或军队，而现代则更多地指的是兵器或武器。这种历史演变性使得多义词在语言表达中更加富有历史感和文化内涵。多义词的意义往往与特定的文化背景和习俗紧密相连。在不同的文化环境中，多义词可能具有不同的意义或用法。因此，理解和运用多义词时，还需要考虑其背后的文化背景和习俗因素。例如，"龙"这个词，在中国文化中象征着吉祥和权力，而在西方文化中则可能被视为凶猛和邪恶的象征。这种文化关联性使得多义词在语言表达中更加富有文化特色和民族韵味。

多义词的意义往往具有一定的模糊性，因为它们的各个意义之间并没有明显的界限或联系。然而，正是这种模糊性使得多义词在语言表达中具有更高的灵活性和适应性。同时，多义词也能够在特定的语境下呈现出精确的意义，使得语言表达更加准确和生动。例如，"红"这个词，既可以表示颜色上的红色，也可以表示喜庆、吉祥等意义。在不同的语境下，"红"可以灵活地表达不同的情感和意境。多义词的意义往往可以通过引申、比喻等方式进行扩展和丰富。一些多义词的原始意义可能比较具体和狭窄，但通过引申、比喻等方式，它们可以拓展出更加广泛和深刻的意义。例如，"心"这个词，原本指的是人体的一个重要器官，但通过引申、比喻等方式，它可以表示情感、思想、意愿等多种抽象意义。这种引申与比喻的丰富性使得多义词在语言表达中更加富有创造力和表现力。

二、汉语同音词的定义与类型

（一）汉语同音词的定义

同音词是指语音形式（包括声母、韵母和声调）完全相同，但意义却截然不同的一组词。在汉语中，由于音节数量有限，而需要表达的概念却日益丰富，因此不可避免地产生了大量的同音词。这些词在发音上难以区分，但在意义上却各自独立，互不关联。同音词的存在，既丰富了汉语的表达方式，也给语言的理解和运用带来了一定的挑战。

（二）汉语同音词的类型

汉语同音词根据其书写形式的不同，主要可以分为两大类：同音同形词和同音异形词。

1. 同音同形词

同音同形词指的是语音形式相同，书写形式也相同，但意义完全不同的词。这类词在汉语中相对较少，因为书写形式的完全一致使得它们在实际运用中容易引起混淆。然而，在特定的语境下，同音同形词的存在却能够产生独特的表达效果。例如，"大家"一词，在"著名专家学者"的语境下，指的是某一领域的权威人物；而在"一定范围内所有的人"的语境下，则指的是一个集体或群体。这两个意义虽然截然不同，但由于语音和书写形式都相同，因此构成了同音同形词。

2. 同音异形词

同音异形词则是指语音形式相同，但书写形式部分或全部不同的词。这类词在汉语中更为常见，因为它们通过不同的书写形式在一定程度上区分了各自的意义。根据书写形式的不同，同音异形词又可以分为部分异形同音词和全部异形同音词。

① 部分异形同音词：这类词在书写形式上有部分相同，但其余部分则不同。例如，"必须"和"必需"，两者在语音上完全相同，但"必"字后面的字不同，导致它们各自承载了不同的意义。前者表示事理上和情理上的必要，后者则表示一定要有、不可少的意思。

② 全部异形同音词：这类词在书写形式上完全不同，仅凭语音难以区分其意义。例如，"立意"和"利益"、"坚固"和"兼顾"等，这些词在发音上完全一致，但在书写和意义上却截然不同。它们各自独立存在，互不关联，构成了汉语同音词中的一大类。

（三）汉语同音词的来源

汉语同音词的来源多种多样，包括语音偶合、历史音变、词义分化等方面。

语音偶合是指不同的词在发音上碰巧相同，这种巧合形成了同音词。例如，"逝世"和"世事"、"张"和"章"等，这些词在发音上完全相同，但意义却毫无联系，它们的同音完全是由于语音的偶合造成的。历史音变是指某些词在历史发展过程中，由于语音系统的变化而导致读音相同或相近。这种音变可能是方言的融合、语音的简化、语音的演变等原因造成的。例如，"鞋"和"鞵"，在古代汉语中读音不同，但在现代汉语中由于语音系统的变化而读音相同，从而构成了同音词。

词义分化是指一个词在发展过程中，其原有的意义逐渐分化为几个不同的意义，而这些意义之间逐渐失去了联系。当这些分化出来的意义在语音上保持一致时，就形成了同音词。例如，"别"这个词，在汉语中既有"别离"的意思，又有"绷住或卡住"的意思，还有"不要、不用"的意思。这些意义之间原本有一定的联系，但随着语言的发展，它们逐渐分化为几个独立的义项，从而构成了同音词。

（四）汉语同音词在语言表达中的作用

汉语同音词的存在对于语言表达具有深远的影响：一方面，它们丰富了汉语的表达方式，使得语言更加生动有趣；另一方面，它们也给语言的理解和运用带来了一定的挑战。

同音词在语言中可以用来构成谐音双关的修辞手法，这种修辞手法能够产生独特的表达效果。例如，毛泽东的《蝶恋花·答李淑一》中的"我失骄杨君失柳"，表面上写杨花柳絮，实则指杨姓、柳姓二烈士。这种谐音双关的运用不仅使语言更加生动有趣，还增强了文本的艺术感染力。然而，同音词的存在也给语言的理解和运用带来了一定的挑战。由于同音词在发音上难以区分，因此在实际运用中容易引起误解或混淆。例如，"食新食异、食全食美"这句广告词就是利用了同音词的特点进行仿拟创作而成的。虽然这种表达方式入眼明快、联想迅疾、过目不忘，但如果不了解同音词背后的意义差异就容易造成误解或混淆。

三、汉语多义词与同音词的区分方法

要准确区分汉语中的多义词和同音词，可以从以下五个方面入手。

（一）意义联系与区别

多义词的各个意义之间通常存在某种联系或引申关系，这些联系可能是基于词义的历史演变、文化背景、语言习惯等因素。例如，"头"既可以指人体的一个部分，也可以指领导或首领，还可以表示第一次或首次的意思。这些意义之间虽然不同，但都有"头"这个共同的概念作为基础。

同音词的意义之间则完全没有联系或区别，它们只是碰巧在语音上相同，但实际上是完全不同的词。例如，"是"和"事"在语音上完全相同，但意义却截然不同。一个是表示肯定或判断的动词，另一个是表示事情或事务的名词。

（二）语境依赖性

多义词的意义往往与特定的语境紧密相连。在不同的语境下，多义词可能呈现出不同的意义。因此，理解和运用多义词时，必须结合具体的语境进行分析和判断。例如，"打"在"打水"中表示取水的动作，在"打球"中表示击球的动作，在"打电话"中表示通话的动作。这些不同的意义都是根据具体的语境来确定的。

同音词的意义则与语境无关，无论在哪个语境下，同音词的意义都是固定的、不会改变的。因此，在理解和运用同音词时，不需要考虑语境的因素。

（三）书写形式

多义词的书写形式通常是相同的，它们用同一个字或词来表示不同的意义。这种书写形式的一致性使得多义词在语言表达中更加简洁和高效。

同音词的书写形式则可能是不同的，虽然它们在语音上相同，但在书写上却可能有明显的差异。这种书写形式的不同使得同音词在语言表达中更加明确和清晰。然而，也存在一些同音同形词，即书写形式也相同的同音词，但这类词相对较少。

（四）历史演变与文化背景

多义词的意义往往与历史演变和文化背景紧密相连，一些多义词的原始意义可能已经逐渐淡化或消失，而新的意义则不断涌现和丰富。这种历史演变和文化背景的影响使得多义词在语言表达中更加富有历史感和文化内涵。

同音词的意义则相对独立，与历史演变和文化背景的关系不大。它们只是碰巧在语音上相同，而实际上是完全不同的词。因此，在理解和运用同音词时，不需要过多考虑历史演变和文化背景的因素。

（五）词汇的构成与用法

多义词通常是由一个基本词汇通过引申、比喻等方式扩展而来的，这些扩展出来的意义与基本词汇之间存在一定的联系或相似性。因此，在掌握多义词时，需要了解其基本词汇的意义和用法，以及如何通过引申、比喻等方式扩展出其他意义。

同音词则是由不同的词汇构成的，它们之间在词汇构成上没有明显的联系或相似性。因此，在掌握同音词时，需要分别了解每个词汇的意义和用法，并注意它们在语音上的相同之处。

第五节　语义场与词汇系统

一、汉语语义场的基本概念与类型

（一）汉语语义场的基本概念

语义场，又称语义范畴，是指具有共同义素（即词义中共有的特征）的一组词在语义上形成的聚合体。这组词在语义上既有联系又有区别，它们通过共同义素相互关联，同时通过区别义素相互区分。语义场强调的是一个词跟全体词在语义上存在着密切的联系，只有通过比较、分析词与词之间的语义关系，才能确定这个词真正的内涵。

（二）汉语语义场的类型

汉语语义场根据成员之间的关系和特征，可以分为多种类型。常见的类型包括类属义场、顺序义场、关系义场、同义义场、反义义场等。

类属义场是指成员同属于一个较大的类的一组词构成的语义场，这些词在意义上具有共同的上位概念，即类属义素。例如，"桌子、椅子、板凳"同属家具类，它们共同具有"家具"这一上位概念。在类属义场中，上位词（如"家具"）通常具有概括性，而下位词（如"桌子、椅子、板凳"）则具有具体性。类属义场的成员数量可以很多，而且往往超过所列举事物的总和。

顺序义场是指成员按照某种固定的顺序排列的一组词构成的语义场，这些词在意义上具有时间、空间或等级上的顺序关系。例如，"大学、中学、小学"是按照教育阶段的顺序排列的，"春、夏、秋、冬"则是按照季节的顺序排列的。有些顺序义场可以周而复始，形成循环义场，如四季循环。顺序义场的成员之间具有不可逆转的顺序性，这种顺序性反映了事物发展的自然规律或社会习惯。

关系义场是由两个成员组成，二者处于某种关系的两端，是互相对立、互相依靠的一组词构成的语义场，这种关系可以是方位、过程、行为动作等。例如，"老师—学生"是因教育关系形成的语义场，"上—下"是因方位关系形成的语义场。关系义场的成员数量有限，通常只有两项，它们通过相互对立和依赖来共同表达一个完整的关系概念。

同义义场是指意义相同或相近的一组词构成的语义场，这些词在表达上具有可替换性，但在语境、语体、感情色彩等方面可能存在细微差别。同义义场中的词称为同义词。同义词的存在丰富了汉语的表达方式，但同时也给语言的理解和运用带来了一定的挑战。因此，在使用同义词时需要根据具体语境进行恰当选择。

反义义场是指意义相反或相对的一组词构成的语义场，这些词在表达上具有对立性，它们通过对比来共同表达一个完整的概念范畴。反义义场可以分为互补反义义场和极性反义义场两种类型。互补反义义场中的两个词处于非此即彼的关系中，如"生—死"；极性反义义场中的两个词则处于程度上的对立关系中，如"白—黑"。反义义场的研究有助于我们更深入地理解事物之间的对立统一关系。

（三）汉语语义场的层次结构

汉语语义场具有不同的层次结构。在上一层次中某个词的义素必然为下一层次的各词所具有，而下一层次又必然有自己一些特殊的义素。这种层次结构反映了词义之间的包含和被包含关系。例如，"人"和"男人、女人"是两个层次的关系，"人"是上位词，"男人、女人"是下位词。在更大的语义场中，"人"还可以作为更广泛类别（如"生物"）的下位词。这种层次结构有助于更清晰地把握词义之间的关系和范围。

（四）汉语语义场的研究价值

汉语语义场的研究具有重要的理论和实际意义。从理论上看，语义场揭示了词汇之间在语义上的相互联系和制约关系，为语言学研究提供了新的视角和方法。从实践上看，语义场的研究成果是编好类义词典的前提，也是研究不同语言的语义对应关系的基础。此外，不同语言的语义对应关系的研究成果对翻译工作、尤其是机器翻译和语言教学、特别是外语教学有重要的现实意义。通过深入研究汉语语义场，可以更好地理解和运用汉语词汇，提高语言表达的准确性和生动性。

二、汉语词汇系统在语义场中的体现

（一）汉语词汇系统与语义场的基本理论

汉语词汇系统是一个庞大而复杂的体系，包括基本词汇、一般词汇、特殊词汇等多个层次。它具有开放性、动态性、层次性等特点，随着社会的发展和语言的演变而不断丰富和变化。汉语词汇的多样性不仅体现在词汇量的庞大上，更体现在词汇意义的细微差别和丰富内涵上。

语义场是指一组在语义上相互关联、相互制约的词汇所构成的聚合体。语义场中的词汇通过共同的义素（即词义中共有的特征）相互联系，同时又通过区别义素（即词义中不同的特征）相互区分。语义场的研究有助于揭示词汇之间的内在联系和分布规律，进而深入理解语言的结构和功能。

（二）汉语词汇系统在语义场中的体现

在汉语词汇系统中，类属义场是最为常见的一种语义场类型。它体现了词汇之间的上下位关系，即一个更广泛的概念（上位词）包含多个更具体的概念（下位词）。例如，"动物"是一个上位词，它包含了"猫、狗、鸟"等多个下位词。这些下位词在语义上都属于"动物"这一范畴，但又各自具有自己的特征和属性。通过类属义场，我们可以清晰地看到汉语词汇系统中词汇之间的层次结构和分类关系。顺序义场体现了词汇在时间、空间或等级上的顺序关系。在汉语词汇系统中，这种顺序关系往往通过词汇的排列顺序和语义的递进关系来体现。例如，"春、夏、秋、冬"是按照季节的顺序排列的词汇，它们共同构成了季节这一顺序义场。又如，"小学、中学、大学"是按照教育阶段的顺序排列的词汇，它们体现了教育阶段这一顺序义场。通过顺序义场，可以更好地理解汉语词汇系统中词汇之间的顺序关系和递进关系。

关系义场体现了词汇之间的某种特定关系，如对立关系、因果关系、部分与整体关系等。在汉语词汇系统中，这种关系往往通过词汇的配对或组合来体现。例如，"买－卖""高－低""大－小"等词汇对体现了对立关系；"因为－所以"体现了因果关系；"树－叶子"体现了部分与整体的关系。通过关系义场，可以更深入地了解汉语词汇系统中词汇之间的相互联系和制约关系。同义义场和反义义场是汉语词汇系统中两种特殊的语义场类型。同义义场体现了词汇之间的同义关系，即多个词汇在意义上相同或相近。例如，"美丽－漂亮""高兴－快乐"等词汇对就体现了同义关系。反义义场则体现了词汇之间的反义关系，即多个词汇在意义上相反或相对。例如，"黑－白"

"好-坏"等词汇对就体现了反义关系。通过同义义场和反义义场，可以更全面地掌握汉语词汇系统中词汇之间的同义关系和反义关系，进而更准确地理解和运用这些词汇。汉语词汇系统是一个动态变化的系统，随着社会的发展和语言的演变，词汇在语义场中的位置和关系也会发生相应的变化。一些新的词汇会不断涌入语义场，而一些旧的词汇则会逐渐退出或改变其原有的意义。例如，随着科技的进步和社会的发展，"互联网""智能手机"等新词汇不断涌现，并逐渐在语义场中占据重要位置；而一些传统词汇如"书信""马车"等则逐渐退出或改变了其原有的意义。这种动态变化体现了汉语词汇系统的开放性和灵活性。

（三）汉语词汇系统在语义场中的研究价值

通过语义场的研究，可以更深入地了解汉语词汇系统的内在结构和分布规律，进而更准确地理解和运用汉语词汇。这有助于我们提高语言表达的准确性和生动性，增强语言交际的能力。语义场的研究成果可以为汉语词汇教学提供有力的支撑。通过教授学生如何根据语义场来理解和记忆词汇，我们可以帮助他们更高效地掌握汉语词汇系统，提高词汇学习的效果。

语义场的研究还可以为汉语词典的编纂和修订提供有益的参考。通过分析和整理汉语词汇在语义场中的分布和关系，可以更准确地定义和解释词汇的意义和用法，为词典的编纂和修订提供科学依据。随着人工智能技术的不断发展，机器翻译、自然语言处理等领域对汉语词汇系统的研究需求日益增长。语义场的研究可以为这些领域提供重要的理论基础和数据支持，助力相关技术的研发和应用。

三、汉语语义场与词汇意义的关系

语言，作为人类交流思想、传递信息的工具，其内部结构复杂而精妙。在汉语语言体系中，语义场与词汇意义之间的关系尤为引人注目。

（一）语义场的特征

在汉语中，语义场可以根据不同的分类标准进行划分，如主题、功能、属性等。每个语义场内，词汇之间既相互独立，又相互联系，共同构成了一个有机的意义网络。

语义场内部存在明显的层次结构。一些大的语义场可以细分为多个小的子场，而这些子场又可以进一步细分。这种层次性使得语义场能够容纳大量的词汇，并保持其内部的有序性。语义场内的词汇之间具有密切的关联性。这种关联性既体现在词汇之间的意义联系上，也体现在它们在实际使用中的搭配和组合上。语义场并不是静态不变的。随着社会的发展和语言的使用，新的词汇会不断进入语义场，而一些旧的词汇可能会逐渐退出或改变其意义。

（二）词汇意义的多维度分析

词汇意义是词汇所承载的语义信息，是语言交际中最基本、最重要的元素。在汉语中，词汇意义具有多维度、多层次的特点。

词汇的基本意义是指其最直接、最具体的含义，而引申意义则是在基本意义的基础上，通过比喻、借代等修辞手法产生的附加意义。在汉语中，许多词汇都具有丰富的引申意义，这使得汉语表达更加生动、形象。理性意义是词汇所表达的客观、理性的概念或信息。而色彩意义则是指词汇所附带的情感、态度、风格等主观因素。在汉语中，色彩意义对于表达说话者的情感和态度具有重要作用。文化意义是指词汇所蕴含的文化内涵和背景知识。而语境意义则是指词汇在特定语境下所获得的临时意义。在汉语中，许多词汇都承载着丰富的文化信息，同时其意义也往往受到语境的制约和影响。

（三）汉语语义场与词汇意义的相互作用

汉语语义场与词汇意义之间存在着密切的相互作用。一方面，语义场为词汇提供了分类和组织的框架，使得词汇能够按照其语义特征进行有序排列和组合。这种组织方式不仅有助于人们更好地理解和记忆词汇，还有助于提高语言交际的效率和准确性。另一方面，词汇意义的变化和发展也会影响到语义场的结构和内容。随着社会的进步和文化的变迁，新的词汇和概念不断涌现，这些新词汇和概念会不断地被纳入现有的语义场中，从而丰富和扩展了语义场的内涵和外延。同时，一些旧词汇的意义也可能发生变化或逐渐消失，这也会导致语义场的调整和重构。

在汉语中，人们根据词汇的语义特征将其划分为不同的语义场。这种分类方式不仅有助于人们系统地学习和掌握词汇，还有助于提高语言交际的准确性和效率。例如，在动物语义场中，人们可以根据动物的种类、习性、特征等将其进一步细分为哺乳动物、鸟类、鱼类等子场。在汉语中，许多词汇都具有丰富的引申意义，这些引申意义往往是在基本意义的基础上通过比喻、借代等修辞手法产生的。随着这些引申意义的不断产生和积累，语义场也会不断得到扩展和丰富。例如，"龙"在汉语中不仅指一种神话中的动物，还引申为尊贵、力量等象征意义，从而扩展了"龙"语义场的内涵。

在汉语中，语境对于词汇意义和语义场具有重要的影响。在不同的语境下，同一个词汇可能具有不同的意义或属于不同的语义场。例如，"打"在汉语中具有多种意义，如打击、打电话、打比方等。在不同的语境下，"打"所属的语义场也会发生变化。汉语作为一种具有深厚文化底蕴的语言，其语义场也深受文化背景的影响。许多汉语词汇都承载着丰富的文化内涵和背景知识，这些文化内涵和背景知识使得汉语语义场具有独特的民族性和地域性。例如，在汉语中，"春节""中秋"等节日词汇所属的语义场就体现了中国独特的文化传统和节日习俗。

第四章 古代汉语词汇研究

第一节 古代汉语词汇的特点

一、古代汉语词汇的丰富性与多样性

古代汉语作为中华文化的瑰宝，其词汇的丰富性与多样性令人叹为观止。这种丰富性与多样性不仅体现在词汇的数量上，更体现在词汇的意义、构词方式、语法功能、文化背景等多个方面。

古代汉语词汇的数量极为庞大，涵盖了自然、社会、人文等各个领域。从《诗经》《楚辞》到《史记》《汉书》，古代文献中涌现出大量生动形象的词汇，这些词汇不仅记录了古代社会的生活面貌，也反映了古代人民的思想情感，是古代人民的智慧结晶。据统计，仅《诗经》中就包含了大量单音节词，这些词在后来的语言发展中逐渐演变为双音节词或多音节词，进一步丰富了汉语词汇库。

古代汉语中的许多词汇都具有多义性，即同一个词在不同的语境下可以表示不同的意义。这种多义性源于古代汉语词汇数量相对较少，为了表达复杂的思想和情感，一个词往往需要承载多种意义。例如，"光"字在古代汉语中既可以表示明亮、光明，又可以表示照耀、荣光等意义；"冷"字则可以表示寒冷、冷漠等意义。这种多义性使得古代汉语的表达更加灵活多样，同时也给后世的阅读和理解带来了一定的挑战。

古代汉语的构词非常规则，大多数词均由一个或多个字组成。在古汉语中，一个字往往代表一个概念，多个字组合可以形成一个词，进一步表示一种事物或概念。古代汉语的词汇多为单音节词，这是因为古代汉语的音节结构比较简单，一个音节通常只对应一个汉字。这种单音节词的优势在于表达简洁明了，同时也为词汇的引申和转化提供了广阔的空间。虽然单音节词在古代汉语中占主导地位，但复音词（尤其是双音词）也在不断发展。秦汉以后，复音词尤其是双音词逐渐增多，成为汉语词汇发展的重要趋势。这种复音词的发展不仅丰富了汉语词汇库，也提高了语言表达的准确性和生动性。古代汉语中的词汇按意义形式可分为单纯词和合成词。单纯词由一个语素构成，包括单音节单纯词和多音节单纯词（如联绵词、叠音词等）。合成词则由两个或两个以上语素构成，包括并列式、偏正式、动宾式、主谓式等多种类型。这种多样化的构词方式使得古代汉语词汇的组成更加灵活多变。

古代汉语的语法功能相对灵活，句子成分的位置可以根据表达的需要进行调整。例如，谓语可以放在主语之前，宾语可以放在动词之前等。这种灵活性不仅体现在语序上，还体现在词汇的语法功能上。一个词在不同的语境下可以充当不同的语法成分，如名词、动词、形容词等。这种灵活性使得古代汉语的表达更加丰富多彩，也体现了古代汉语语法系统的独特魅力。古代汉语词汇的丰富性与多样性还体现在其深厚的文化背景上。古代汉语中的许多词汇都承载着丰富的文化内涵和历史背景，反映了古代社会的政治、经济和文化状况。例如，仁、义、礼、智、信等核心概念在古代文献中频繁出现，成为古代社会道德规范和价值观念的重要体现。此外，古代汉语中的地名、官职名称、日常用语等也反映了古代社会的独特风貌和习俗习惯。这种深厚的文化背景使得古代汉语词汇不仅具有语言学的价值，还具有历史学、文化学等多方面的意义。

古代汉语中存在大量的同义词和反义词，这些词汇在文献中的使用丰富了表达，也增加了阅读的难度。同义词之间往往存在细微的差异，这些差异可以体现在概念意义、理性意义、情感色彩等多个方面。掌握这些同义词的细节对于准确翻译古文至关重要。同时，反义词的使用也使得古代汉语的表达更加鲜明生动，增强了语言的表达力。古代汉语中运用了丰富多样的修辞手法，如比喻、拟人、对偶、排比等。这些修辞手法不仅增强了语言的表达力，也使文章更加生动形象。例如，《诗经》中的比兴手法、《楚辞》中的夸张与想象等都体现了古代汉语修辞手法的独特魅力。这些修辞手法不仅丰富了古代汉语词汇的表达方式，也展现了古代人民高超的语言艺术。

二、古代汉语词汇的构词特点与规律

古代汉语词汇的构词特点与规律，是汉语语言学研究中的重要内容。古代汉语作为中华文化的载体，其词汇的构成方式不仅反映了古代社会的语言习惯和文化特征，也深刻影响了现代汉语的发展。

古代汉语词汇在音节结构上的特点主要表现为单音节词占主导地位。与现代汉语以双音节词为主不同，古代汉语中，单音节词占据了绝对优势。这种单音节词为主的特点，在先秦两汉时期的文献中尤为明显。例如，《诗经》中单音词占90.3%，《尔雅》中占80%，充分说明了这一点。单音节词的优势在于表达简洁明了，易于记忆和传承，同时也为词汇的引申和转化提供了广阔的空间。

古代汉语词汇的另一个显著特点是词义的多义性。由于古代汉语词汇数量相对较少，为了表达复杂的思想和情感，一个词往往需要承载多种意义。这种多义性不仅体现在基本意义与引申意义之间，还体现在词汇在不同语境下的具体含义变化。例如，"老"字在古代汉语中，除了表示年龄大之外，还可以引申为经验丰富、成熟稳重等意义。多义性使得古代汉语词汇的表达更加灵活多样，但同时也增加了理解和翻译的难度。

古代汉语词汇的构词方式多种多样，主要包括单纯词和合成词两大类。

单纯词由一个语素构成，包括单音节单纯词和多音节单纯词（如联绵词、叠音词等）。合成词则由两个或两个以上语素构成，包括并列式、偏正式、动宾式、主谓式等多种类型。单纯词在古代汉语中较为常见，尤其是单音节单纯词。这些词由一个音节构成，意义单一且稳定。多音节单纯词如联绵词，则由两个或两个以上音节连缀而成，表示一个整体概念，如"彷徨""踟蹰"等。联绵词在语音上往往具有双声或叠韵的特点，增强了语言的音乐性和表达力。合成词在古代汉语中逐渐增多，成为汉语词汇发展的重要趋势。合成词由两个或两个以上语素按照一定规则组合而成，意义不再是各语素意义的简单相加，而是产生了新的整体意义。例如，"国家"一词由"国"和"家"两个语素组成，表示一个整体概念，即政治实体和人民生活的共同体。

古代汉语词汇的语法功能相对灵活，这主要体现在词性的转化和句子成分的自由组合上。古代汉语中的词类活用现象较为普遍，一个词往往可以根据表达的需要转化为不同的词性。例如，"衣"字在古汉语中既可以作名词表示衣物，也可以作动词表示穿衣的动作。此外，古代汉语的句子成分位置也相对自由，可以根据表达的需要进行调整。这种语法功能的灵活性不仅增强了语言的表达力，也使得古代汉语的表达更加灵活多变。

三、古代汉语词汇的文化内涵与历史价值

古代汉语词汇承载着丰富的文化内涵和较高的历史价值。它们不仅是语言的基本单位，更是人们交流思想、表达情感的重要工具。在漫长的历史长河中，古代汉语词汇的意义不断演变，形成了独特的文化内涵，反映了古代社会的风貌、价值观念及人们的心理情感。

（一）古代汉语词汇的文化内涵

古代汉语是一种象形文字，汉字在形式上具有非常强烈的象形特点。每个汉字都蕴含着独特的含义和文化背景。例如，"日"字形似太阳，寓意着光

明与温暖；"月"字则如一轮弯月，象征着柔美与神秘。这些汉字不仅记录了自然界的物象，也反映了古代人民对世界的认知和理解。通过汉字的形象寓意，可以窥见古代文化的独特之处。古代汉语词汇往往具有丰富的象征意义。例如，"莲花"在中国文化中象征着高洁、纯洁和完美，而"睡莲"则进一步赋予了淡淡的清香和甜美的意象。在中国古代诗词中，"睡莲"常被塑造为一种高尚而优美的形象，成为文学艺术中不可或缺的一部分。此外，"龙""凤"等词汇也承载着深厚的象征意义，代表着皇权、尊贵和吉祥。

古代汉语词汇中蕴含着丰富的道德观念。例如，"敬"字代表着尊敬、敬礼、敬重，是中国文化中最为重要的品德之一；"义"字则指道德准则和行为规范，后来逐渐演变为对他人的帮助和关心。这些词汇不仅记录了古代社会的道德规范，也反映了古代人民对道德和伦理的重视。通过这些词汇，我们可以更好地理解古代社会的价值观念和文化传统。古代汉语词汇还生动地反映了古代社会的生活面貌。例如，与农业、畜牧业和纺织业相关的词汇，如"黍""稷""禾""稻""麦"，以及"絮""绵""纩""绪""缯"等，不仅记录了古代社会的生产活动，也反映了古代人民对物质生活的追求和创造。此外，与官职、地名、节日等相关的词汇也丰富了我们对古代社会的了解。

（二）古代汉语词汇的历史价值

古代汉语词汇的历史价值体现在它们记录了历史的变迁。随着时间的推移，词汇的意义不断演变，反映了古代社会的政治、经济、文化等各个方面的变化。通过对古代汉语词汇的研究，可以窥见古代社会的风貌和发展轨迹，了解古代人民的生活和思想。古代汉语词汇是中华文化的重要组成部分，它们承载着宝贵的文化遗产。通过对古代汉语词汇的研究和学习，可以更好地传承和弘扬中华文化。这些词汇不仅记录了古代社会的智慧和创造，也为我们提供了宝贵的文化资源和精神财富。

古代汉语词汇的研究对古籍整理与考证具有重要意义。常用词在古籍中频繁出现，其语义变化与更替能够反映不同时代的语言特征和文化背景。通过对常用词的研究，可以更好地理解和解释古籍中的语言现象，提高古籍整理与考证的准确性和科学性。例如，陈垣的《校勘学释例》就是研究利用常用词整理古籍的代表性著作。古代汉语词汇还反映了古代社会的价值观和人们的心理情感。例如，"爱"字最初指亲情和夫妻之间的感情，后来逐渐演变为指一切深厚的情感。这种演变反映了古代人民对情感的重视和对爱的追求。通过对古代汉语词汇的研究，可以更好地理解古代社会的情感世界和价值观念，感受古代人民的心灵世界。古代汉语词汇的丰富性和多样性为现代语言运用提供了宝贵的启示。现代语言在发展过程中不断吸收和借鉴古代词汇的精华，形成了独特的语言风格和表达方式。同时，古代汉语词汇的多义性和引申性也为现代语言运用提供了广阔的空间和可能。通过灵活运用古代汉语词汇，可以丰富语言表达、增强沟通效果，使现代语言更加生动、形象和富有文化底蕴。

第二节 甲骨文与金文词汇解析

一、甲骨文与金文词汇的概念

甲骨文与金文，作为中国古代文字的两种重要形式，承载着丰富的历史信息和文化内涵。它们不仅是中国文字发展的重要里程碑，也是研究古代社会、历史、文化的重要资料。

（一）甲骨文与金文的概念

甲骨文又称殷墟文字、殷契，是中国商代后期王室用于占卜记事而刻在龟甲和兽骨上的文字。这些文字主要发掘于河南省安阳市的小屯村，即商朝都城殷墟所在地。甲骨文的出现标志着中国文字进入了较为成熟的阶段，是已知的最早的汉字书写形式之一。甲骨文的字形直接模仿自然界中物体的形态，具有高度的象形性，同时也包含了指事、会意、形声等多种造字方式。

金文是指铸刻在殷周青铜器上的铭文，也叫钟鼎文。商周时期是青铜器的鼎盛时代，青铜器的礼器以鼎为代表，乐器以钟为代表，"钟鼎"因此成为青铜器的代名词。由于当时人们称青铜为"金"，所以铜器上的铭文就被称为金文或吉金文字。金文的应用年代上自西周早期，下至秦灭六国，约 800 多年。金文的字数众多，据容庚《金文编》记载，共计 3 722 个，其中可以识别的字有 2 420 个。

（二）甲骨文与金文的起源与特点

甲骨文起源于商朝晚期，最初被用于卜辞。王室和贵族将问题刻写在龟甲或兽骨上，然后进行加热或钻孔，通过观察裂纹来进行占卜，预测未来的吉凶。金文则起源于商后期，随着青铜器的广泛使用而逐渐流行，并在西周时期达到鼎盛。

甲骨文与金文作为早期的成系统文字，具有共同的特点，如象形程度高、异体字多、具有装饰性笔画等。同时，它们也各有特色。甲骨文的字形较为原始，象形性更强，笔画简单而生动；而金文则相对规范，字形更为规整，笔画也更加清晰流畅。此外，金文在字数和可识别度上也优于甲骨文，为后人留下了更多珍贵的历史资料。

（三）甲骨文与金文的词汇构成

甲骨文与金文的词汇构成丰富多样，反映了古代社会的各个方面。

甲骨文与金文中包含了大量表示自然现象和天文地理的词汇。如"日""月""云""风""雨"等表示自然现象的词；"东""南""西""北""土""石""水"等表示地理方位和自然物质的词。这些词汇不仅记录了古代人民对自然界的观察和认识，也反映了古代社会的生产和生活环境。在甲骨文与金文中，有许多表示动物和植物的词汇。如"牛""羊""犬""豕"等表示动物的词；"禾""黍""木""竹"等表示植物的词。这些词汇反映了古代社会的畜牧业和农业发展水平，也为我们了解古代生态环境和生物多样性提供了重要线索。

甲骨文与金文中还包含了大量反映社会生活和职官制度的词汇。如"王""侯""伯""臣"等表示社会等级和职官制度的词；"家""室""宫"等表示居住和生活环境的词；"酒""食""衣"等表示日常生活用品的词。这些词汇不仅记录了古代社会的组织结构和生活方式，也反映了古代社会的经济和文化水平。甲骨文与金文中关于宗教和祭祀的词汇尤为丰富。如"祖""宗""神""鬼"等表示宗教信仰的词；"祭""祀""燎""奠"等表示祭祀活动的词。这些词汇不仅揭示了古代社会的宗教信仰和祭祀制度，也为我们了解古代社会的精神世界和文化传统提供了重要资料。

（四）甲骨文与金文在历史研究中的价值

甲骨文与金文作为古代文字的重要形式，具有极高的历史研究价值。它们不仅记录了古代社会的政治、经济、文化等各个方面的信息，还为我们了解古代社会的语言、文字、思维等提供了重要线索。通过对甲骨文与金文的研究，可以还原古代中国历史的片段，了解古代社会的政治、经济和社会结构；可以揭示古代文化的内涵和特点，探讨古代人民的思想观念和价值追求；还可以为现代语言学、历史学、考古学等学科的发展提供宝贵资料和启示。

二、甲骨文与金文词汇的构成特点

甲骨文与金文作为中国古文字体系中的两大瑰宝，不仅承载着丰富的历史文化信息，也展现了古代文字发展的独特轨迹。这两种文字在词汇的构成上，各自呈现出鲜明的特点，这些特点不仅反映了当时社会的语言使用习惯，也揭示了文字发展的内在逻辑和规律。

（一）象形性：文字起源的直观体现

甲骨文与金文作为早期成系统的文字，其象形程度极高，是文字起源的直观体现。象形字是指用描绘事物的形状来创造文字的方法，这种方法在甲骨文与金文中得到了广泛应用。例如，甲骨文中的"牛"字，通过描绘牛头的形状来代表牛这一动物；金文中的"鱼"字，则通过鱼的轮廓和鳞片的简化来表示鱼的概念。这种象形性不仅使得文字具有直观易懂的优点，也反映了古代先民们对周围世界的观察和认知方式。

象形性在甲骨文与金文中表现得尤为突出，但二者之间也存在一定的差异。甲骨文的象形性更为原始和直接，往往保留着较多的图画特征，例如，甲骨文中的"鸟"字几乎完全是鸟的图画形状。而金文在象形的基础上，逐渐趋于规整和简化，虽然依然保持较高的象形程度，但字形更加规范，笔画更加清晰流畅。这种变化反映了文字从图画向符号化、抽象化发展的过程。

（二）异体字：文字发展的多样性体现

异体字是甲骨文与金文词汇构成中的另一个显著特点。所谓异体字，就是彼此音义相同而外形不同的字。在甲骨文与金文中，异体字大量存在，这既是文字发展过程中的一种必然现象，也是当时书写者自由创造、灵活运用的结果。

异体字的存在使得甲骨文与金文的词汇构成更加丰富多样。例如，甲骨文中的"福"字就有多种写法，这些写法虽然字形不同，但都表达了"福"这一概念。这种多样性不仅增加了文字的表现力，也为后人研究古文字提供了丰富的素材。异体字的大量出现还反映了当时社会尚未形成统一的文字规范。由于书写者各自为政，缺乏统一的文字标准，因此出现了大量字形各异的异体字。这种现象虽然给后人的阅读和理解带来了一定的困难，但也为了解古代文字的发展过程和书写习惯提供了重要的线索。

（三）词汇类别：社会生活的全面反映

甲骨文与金文的词汇构成涵盖了社会生活的方方面面，包括自然现象、天文地理、动物植物、社会生活、职官制度、宗教祭祀等多个领域。这些词汇不仅反映了当时社会的物质文化和精神文化面貌，也为我们了解古代社会的历史、文化、宗教、经济等方面提供了重要的资料。在自然现象和天文地理方面，甲骨文与金文中包含了大量表示太阳、月亮、星星、风雨、山川等自然现象的词汇。这些词汇不仅记录了古代人民对自然界的观察和认知，也反映了古代社会的农业生产和生活环境。例如，甲骨文中的"雨"字就记录了古代人民对降雨现象的关注和重视。

在动物植物方面，甲骨文与金文中包含了大量表示牛、羊、犬、豕等动物和禾、黍、木、竹等植物的词汇。这些词汇不仅反映了古代社会的畜牧业和农业发展水平，也为了解古代生态环境和生物多样性提供了重要的线索。在社会生活和职官制度方面，甲骨文与金文中包含了大量表示家庭、婚姻、官职、刑罚等社会现象的词汇。这些词汇不仅记录了古代社会的组织结构和生活方式，也反映了古代社会的等级制度和权力关系。例如，甲骨文中的"王"字就代表了当时社会的最高统治者。在宗教祭祀方面，甲骨文与金文中包含了大量表示祖先崇拜、神灵信仰和祭祀活动的词汇。这些词汇不仅揭示了古代社会的宗教信仰和祭祀制度，也为了解古代社会的精神世界和文化传统提供了重要的资料。例如，甲骨文中的"祭"字就记录了古代人民对祖先和神灵的崇敬和祭祀活动。

（四）语法结构：文字系统的初步成熟

甲骨文与金文在语法结构上也表现出一定的特点，这些特点反映了当时文字系统的初步成熟。虽然甲骨文与金文的语法结构相对简单，尚未形成完整的语法体系，但已经具备了一些基本的语法要素和语法结构。

首先，甲骨文与金文在词序上与现代汉语有所不同。例如，在甲骨文中，宾语常常位于动词之前，形成"宾语＋动词"的结构；而在金文中，虽然这种结构逐渐减少，但仍然可以看到一些类似的用例。这种词序上的差异反映了古代汉语语法结构的特点和演变过程。其次，甲骨文与金文中存在一些特殊的语法结构，如并列结构、偏正结构等。这些结构形式虽然简单，但已经具备了一定的语法功能和表达能力。例如，在甲骨文中，常常可以看到一些并列的词组或句子结构，这些结构通过并列的方式将多个概念或事物联系在一起表达一个复杂的意义。最后，甲骨文与金文中还出现了一些语法标记和助词等语法成分。这些成分虽然数量不多且用法相对简单，但在一定程度上增强了语言的表达能力和语法结构的完整性。例如，在甲骨文中可以看到一些表示语气或时态的助词如"乎""矣"等，这些助词虽然与现代汉语中的助词有所不同但已经具备了一定的语法功能和意义。

三、甲骨文与金文词汇的文化内涵

甲骨文与金文，作为中国古文字体系中的两大瑰宝，不仅记录了古代社会的政治、经济、军事活动，还深刻反映了古代先民的思想观念、宗教信仰、社会生活等各个方面。这些古老的文字，如同一部部生动的历史画卷，展示了古代中国的辉煌文明和深厚文化底蕴。

（一）甲骨文词汇的文化内涵

甲骨文，作为中国最早的成系统文字之一，其词汇构成丰富多样，蕴含着丰富的文化内涵。这些词汇不仅记录了古代社会的物质文化，如农业、畜牧业、手工业生产等，还深刻反映了古代先民的精神世界和文化传统。甲骨文中的词汇反映了古代社会的复杂结构和等级制度。例如，"王""侯""伯""子""男"等词汇，不仅代表了不同的社会阶层和官职等级，也体现了古代社会的权力结构和统治秩序。这些词汇的出现，说明当时已经形成了较为完备的官僚体系和等级制度，反映了古代先民对权力分配和社会组织的深刻思考。

甲骨文中的大量祭祀词汇，如"祭""祀""燎""奠"等，揭示了古代社会的宗教信仰和祭祀活动。这些词汇不仅记录了古代先民的祭祀仪式，还反映了当时社会的宗教信仰体系和祭祀文化。通过甲骨文中的祭祀词汇，可以了解到古代社会的神灵崇拜、祖先信仰，以及与之相关的祭祀仪式和习俗，这些都是古代先民精神世界的重要组成部分。甲骨文中的农业词汇，如"禾""黍""麦"等，记录了古代社会的农业生产活动。这些词汇不仅反映了古代先民对农作物的种植和管理经验，还体现了他们对自然规律的认识和利用。同时，甲骨文中的生活词汇，如"家""室""食""衣"等，则展示了古代社会的日常生活场景和生活智慧。这些词汇不仅记录了古代先民的物质生活条件和生活方式，还反映了他们对家庭、婚姻、社会等方面的观念和态度。

（二）金文词汇的文化内涵

金文作为西周时期的重要文字形式，其词汇构成同样丰富多彩，蕴含着深厚的文化内涵。与甲骨文相比，金文词汇在保持象形性特点的同时，更加注重文字的规范性和艺术性，反映了古代文字发展的成熟阶段。金文词汇中包含了大量反映政治思想和治国理念的词汇。这些词汇不仅记录了古代国家的政治制度、法律法规和社会治理措施，还体现了古代先民的政治智慧和治国理念。例如，"德""礼""法"等词汇，反映了古代社会对于道德、礼仪和法律制度的重视和追求。这些词汇的出现，说明当时已经形成了较为完备的政治思想和治国理念体系，对后世产生了深远的影响。

金文词汇中的军事词汇，如"兵""戈""矢"等，记录了古代社会的军事活动和战争策略。这些词汇不仅反映了古代先民对于军事力量的重视和追求，还体现了他们在战争中的策略和智慧。通过对金文军事词汇的研究，我们可以了解到古代社会的军事制度、战争形态、战争策略等方面的信息，这对于我们理解古代历史和文化具有重要意义。金文作为青铜器上的铭文艺术，其词汇构成还体现了古代先民的艺术审美和文化追求。金文词汇中的许多字都经过精心设计和雕琢，具有极高的艺术价值。这些词汇不仅记录了古代社会的文化艺术成就和发展历程，还反映了当时人们对于美的追求和创造。同时，金文词汇中还包含了大量反映古代社会风俗习惯和道德观念的词汇，这些词汇不仅是了解古代社会风貌的重要资料，也是理解古代文化精神的重要窗口。

（三）甲骨文与金文词汇的文化传承与影响

甲骨文与金文作为中国古代文字的重要组成部分，其词汇构成和文化内涵不仅在当时社会产生了深远的影响，也对后世的文化传承和发展产生了重要的推动作用。这些古老的文字不仅记录了古代社会的历史和文化信息，还为我们提供了研究古代文明和传承中华优秀传统文化的宝贵资料。

通过对甲骨文与金文词汇的研究和分析，我们可以更加深入地了解古代社会的政治、经济、军事、文化等各个方面的情况和特点。这些研究成果不仅有助于我们还原古代历史的面貌和真相，也有助于我们传承和弘扬中华优秀传统文化。同时，甲骨文与金文词汇的研究还为我们提供了丰富的语言材料和语法结构信息，这对于理解古代汉语的语言特点和演变规律具有重要意义。

第三节　《诗经》《楚辞》词汇分析

一、《诗经》《楚辞》词汇的构成与特点

《诗经》与《楚辞》作为中国文学史上两座不朽的丰碑，其词汇的构成与特点不仅体现了古代汉语的魅力，也深刻反映了周代与战国时期的社会生活、文化风貌及审美倾向。

（一）《诗经》词汇的构成与特点

《诗经》作为我国第一部诗歌总集，其词汇的丰富性令人瞩目。据统计，《诗经》中共使用了近三千个单字，构成了众多的词汇，这些词汇表述了极为

丰富的生活知识和社会现象。《诗经》中的名词和动词尤为丰富且具象化，如名词中对马的描述，不仅有"马"这一泛称，还细分为"驎"（毛色黑白相间的马）、"黄"（毛色黄白相间的马）、"骆"（白毛黑鬣的马）等三十多个具有描述作用的特殊名词。这种具象化不仅体现了周人对自然事物的精细观察，也展示了他们驾驭语言的非凡能力。《诗经》中大量使用双声叠韵词和重言词来摹声摹形，增强了诗歌的韵律美和表现力。双声词如"参差""踟蹰"，叠韵词如"窈窕""逍遥"，重言词如"夭夭""灼灼"等，这些词汇的使用不仅丰富了诗歌的语言形式，也使得诗歌的诵读更加朗朗上口，增强了诗歌的音乐性和节奏感。这些词汇的构成特点，反映了周代人民对声音和形象的敏锐感知和细腻描绘。

《诗经》中的赋比兴手法是其词汇构成与运用的重要特色之一。"赋"是平铺直叙，"比"即比喻，"兴"则是借助其他事物来引发情感。这些手法不仅丰富了诗歌的表现手法，也使得诗歌的词汇运用更加灵活多变。例如，《诗经》中常通过比喻来描绘自然景物或抒发情感，使得诗歌的语言既生动又形象。《诗经》的主体是二节拍的四言诗，这种节奏韵律规范不仅使得诗歌读起来抑扬顿挫、和谐悦耳，也影响了后世诗歌的创作。《诗经》的押韵形式多样，有隔句押韵、一韵到底、中途转韵等多种方式，这些押韵方式不仅增强了诗歌的韵律感，也使得诗歌的语言更加凝练和富有表现力。

（二）《楚辞》词汇的构成与特点

《楚辞》作为战国时期的诗歌代表，其词汇的构成与特点与《诗经》有显著不同。《楚辞》的词汇更加浪漫化，充满奇幻想象和炽热情感。屈原的作品如《离骚》中大量使用象征手法，将自然现象、神话传说与历史人物融为一体，形成了独特的艺术风格。这种浪漫化和象征性的词汇运用不仅丰富了诗歌的表现力，也深刻反映了战国时期的社会变革和文化转型。与《诗经》的四言句式不同，《楚辞》的句式更加灵活多变。它打破了四言诗的束缚，以六七言为主，形成了参差自由的新句式。这种句式变化不仅扩大了诗歌的容量和表现力，也使得诗歌的语言更加宏博丽雅。楚辞中的词汇运用更加铺张夸饰、辞藻华丽，如《招魂》中对事物层叠铺张的描述就体现了这一点。

《楚辞》作为楚文化的结晶，其词汇中大量运用了楚地方言和虚词叹语。如"兮""些"等虚词叹语在楚辞中频繁出现成为楚辞的一个鲜明标志。这些方言词语和虚词叹语的使用不仅增强了诗歌的地方色彩和地域特色也使得诗歌的诵读更加富有节奏感和表现力。楚辞在结构上一般比较宏大，篇幅较长。例如，屈原的《离骚》就是一首长篇政治抒情诗，通过宏大的叙事和丰富的想象，展现了诗人的内心世界和时代变迁。这种宏大叙事的结构和内容不仅体现了楚辞的独特艺术风格也深刻反映了战国时期的社会历史和文化背景。

二、《诗经》《楚辞》词汇的文化内涵与艺术价值

《诗经》与《楚辞》作为中国古代文学的两大瑰宝，其词汇不仅承载了丰富的文化内涵，还展现了卓越的艺术价值。这两部作品通过独特的词汇运用，深刻反映了各自时代的社会风貌、文化精神及审美追求。

（一）《诗经》词汇的文化内涵与艺术价值

1. 文化内涵

《诗经》作为周代社会生活的一面镜子，其词汇基本涵盖了周代人民的社会生活方式和思维习惯。例如，"采采苤苢"（《周南·苤苢》）描绘了妇女采集野菜的场景，而"不稼不穑，胡取禾三百廛兮"（《魏风·伐檀》）则批判了不劳而获的行为。这些词汇不仅反映了周代农业生产的繁荣景象，也体现了古代先民对农耕生活的依赖和尊重。通过《诗经》的词汇，我们可以窥见古代农耕文明的精神面貌和价值观念。

《诗经》中许多诗歌反映了周代的礼仪制度，如《小雅·鹿鸣》描绘了宴会的场景，而《大雅·生民》则描绘了祭祀的活动。这些词汇不仅记录了古代社会的礼仪规范，也体现了周代对礼乐文化的重视和传承。周代以礼乐为

核心的社会上层建筑，在《诗经》的词汇中得到了生动的展现。《诗经》中不乏描绘婚姻与家庭生活的词汇，如《卫风·硕人》描绘了婚礼的盛况，而《邶风·击鼓》则表达了妻子对丈夫的思念。这些词汇反映了古代先民对婚姻与家庭的高度重视，以及他们对爱情、忠诚和家庭责任的深刻理解。

2. 艺术价值

《诗经》善用赋比兴手法，通过寓言、象征等手法表达诗人的情感和思想。如《硕鼠》通过描绘老鼠偷窃的行为来寓言讽刺统治者的贪婪；而《采薇》中的"昔我往矣，杨柳依依；今我来思，雨雪霏霏"则通过自然景象的对比来抒发征人的思乡之情。这些词汇的运用不仅增强了诗歌的表现力，也使得诗歌的意境更加深远。

《诗经》中大量使用双声叠韵词和重言词来摹声摹形，增强了诗歌的音乐美。如《周南·关雎》中的"参差荇菜""窈窕淑女"等词汇不仅生动形象地描绘了青年男女的爱情场景，也使得诗歌读起来朗朗上口、悦耳动听。这种词汇的构成特点不仅丰富了诗歌的语言形式，也提升了诗歌的艺术魅力。《诗经》以四言诗为主体，其词汇的构成与运用都围绕着二节拍的节奏韵律展开。这种规范不仅使得诗歌读起来抑扬顿挫、和谐悦耳，也影响了后世诗歌的创作风格。通过《诗经》的词汇，可以感受到古代先民对诗歌韵律美的追求和创造。

（二）《楚辞》词汇的文化内涵与艺术价值

1. 文化内涵

《楚辞》作为战国时期的诗歌代表，其词汇充满了浪漫主义精神。屈原的作品如《离骚》，通过奇幻的想象和炽热的情感表达了诗人对理想的追求和对现实的批判。这些词汇不仅反映了战国时期社会的动荡与变革，也体现了古代先民对自由、浪漫精神的向往和追求。《楚辞》作为楚文化的结晶，其词汇中大量运用了楚地方言和名物。这些词汇不仅增强了诗歌的地方色彩和地域特色，也使得诗歌更加贴近楚地人民的生活实际和情感世界。通过《楚辞》

的词汇，我们可以感受到楚文化的独特魅力和深厚底蕴。

屈原等楚辞作家的作品中充满了强烈的爱国主义情感。他们通过诗歌抒发对国家命运的担忧和对民族未来的期许。如《离骚》中的"长太息以掩涕兮，哀民生之多艰"就深刻表达了屈原对楚国人民的深切同情和对国家命运的担忧。这些词汇不仅反映了楚辞作家的爱国情怀，也激励着后世人民为实现国家富强和民族复兴而努力奋斗。

2. 艺术价值

《楚辞》的语言风格宏博丽雅、辞藻华丽、想象瑰丽，其词汇运用铺张夸饰、情感充沛，这使得诗歌充满了浪漫气息和感染力。例如，《九歌》中对神灵形象的描绘就充满了神秘色彩和浪漫情怀使得诗歌的意境更加深远和动人。

《楚辞》打破了《诗经》以四言为主的句式结构，采用了更加灵活多变的句式形式。这种句式结构不仅扩大了诗歌的容量和表现力，也使得诗歌的语言更加生动形象和富有变化性。通过《楚辞》的词汇，我们可以感受到古代先民对诗歌句式创新的勇气和智慧。《楚辞》与音乐紧密相关，许多楚辞作品都可以配乐演唱。这种音乐与诗歌的紧密结合不仅增强了诗歌的表现力，也使得诗歌的诵读更加富有节奏感和韵律美。例如，《九歌》中的祭祀歌曲就通过音乐的配合达到了声情并茂的艺术效果，使得诗歌的意境更加深远和动人。

三、《诗经》《楚辞》词汇对后世文学的影响

《诗经》与《楚辞》作为中国古代文学的奠基之作，其词汇不仅在当时的社会文化背景下具有深远的影响，而且跨越时空，对后世文学产生了不可磨灭的印记。这两部作品的词汇不仅丰富了汉语的表达能力，还为后世文学的创作提供了丰富的素材与灵感，塑造了中国文学独特的艺术风格和文化底蕴。

（一）《诗经》词汇对后世文学的影响

《诗经》作为我国第一部诗歌总集，其四言为主、二节拍为基本节奏的句式结构，为后世诗歌语言奠定了坚实的基础。这种句式结构简洁明快，节奏感强，易于吟咏，对后世诗人的创作产生了深远的影响。曹操、陶渊明等人的四言诗创作直接继承了《诗经》的语言特点，形成了独特的艺术风格。此外，《诗经》中的重言词、叠字诗等语言形式也被后世诗人广泛运用，例如，古诗《青青河畔草》中的"青青河畔草，郁郁园中柳"便是受《诗经》影响而成。《诗经》中的赋比兴手法是后世文学中常用的艺术表现手法。赋即铺陈直叙，比是比喻，兴是触物兴词。这些手法在《诗经》中得到了充分的运用，为后世诗歌创作提供了丰富的艺术手段。汉赋中的铺陈直叙、唐诗宋词中的比喻象征、元曲明清小说中的借物抒情等，都可以看到《诗经》赋比兴手法的影子。这些手法不仅丰富了诗歌的表现力，也增强了诗歌的感染力。

《诗经》关注现实，抒发现实生活触发的真情实感，其表现出的关注现实的热情、强烈的政治和道德意识、真诚积极的人生态度，被后人概括为"风雅"精神。这种精神直接影响了后世诗人的创作，推动他们关注国家的命运和人民的疾苦，将文学作为反映社会现实、抒发人民心声的重要工具。唐代杜甫的"诗史"之称便是其继承《诗经》现实主义精神的典型体现。《诗经》中的作品内容丰富多样，涵盖了祭祖颂歌、农事、燕飨、怨刺、战争、徭役、婚姻爱情等多个方面。这些题材和内容为后世文学提供了广泛的创作素材和灵感来源。例如，唐代边塞诗中的战争题材便是对《诗经》战争诗的继承与发展；而爱情诗则是从《诗经》中的情诗发展而来，形成了中国文学中独特的爱情诗传统。

（二）《楚辞》词汇对后世文学的影响

《楚辞》以其宏博丽雅的语言风格、奇幻瑰丽的想象和炽热的情感表达，开创了我国浪漫主义文学创作的先河。屈原的作品如《离骚》，通过丰富的想象和夸张的手法，构建了一个充满奇幻色彩的艺术世界。这种浪漫主义风格对后世文学产生了深远的影响，例如，李白的诗歌便充满了浪漫主义的色彩和想象力，被誉为"诗仙"。《楚辞》中的象征手法对后世文学产生了巨大的影响。屈原的作品中大量运用象征手法来表达自己的政治理想、人格精神和情感经历。例如，《离骚》中的香草美人意象便是诗人品质高洁的象征。这种象征手法不仅丰富了诗歌的表现力，也增强了诗歌的含蓄性和深度。后世文人如李商隐等便善于运用象征手法来表达自己的情感和思想。

《楚辞》中大量运用楚地方言和名物，使得诗歌充满了浓郁的地方色彩和地域特色。这种语言特点不仅增强了诗歌的表现力，也使得诗歌更加贴近人民的生活实际和情感世界。后世文人如苏轼等，在创作中便善于运用地方方言和名物，来丰富诗歌的语言表达和艺术效果。屈原的作品中充满了强烈的爱国主义情感和对理想的执着追求。这种情感不仅在当时激励了无数仁人志士为国家和民族奋斗不息，也对后世文学产生了深远的影响。后世文人如辛弃疾、文天祥等，便是在屈原爱国主义精神的激励下，创作出了许多脍炙人口的爱国诗篇。他们的作品不仅表达了对国家的深深眷恋和对民族的无限忠诚，也展现了中华民族不屈不挠、自强不息的民族精神。

第四节　古代汉语方言词汇考察

一、古代汉语方言词汇的基本概念与特点

古代汉语方言词汇，作为汉语历史长河中的重要组成部分，不仅承载着丰富的地域文化内涵，还展现了汉语在不同地域、不同历史时期中的多样性和演变轨迹。

（一）古代汉语方言词汇的基本概念

方言是指某一地区的人们所使用的语言变体，它与共同语（如古代汉语中的雅言、通语，现代汉语中的普通话）相对，具有地域性、社会性和历史性的特点。方言词汇则是这一地区方言中所有词语的总汇，包括基本词汇和一般词汇。基本词汇相对稳定，反映该地区人民共同的生活经验和认知框架；而一般词汇则较为活跃，随着社会的发展和文化的交流不断发生变化。

古代汉语方言词汇的多样性体现在多个方面。首先，由于古代中国地域辽阔，交通不便，各地区之间的语言交流相对有限，导致了方言词汇的多样性。不同地区的人们根据自身的生活环境和文化背景，创造了各具特色的方言词汇。其次，随着历史的发展，不同朝代的政治、经济、文化中心不断变迁，也影响了方言词汇的形成和发展。例如，秦汉时期以关中方言为基础形成的雅言，对后世汉语方言词汇产生了深远的影响；而唐宋以后，随着南方经济的崛起，南方方言词汇也逐渐丰富起来。

（二）古代汉语方言词汇的特点

古代汉语方言词汇的首要特点是地域性。不同地区的人们由于生活环境、风俗习惯、宗教信仰等方面的差异，形成了各具特色的方言词汇，这些词汇往往与当地的自然环境、社会生产、日常生活密切相关。例如，四川农村中的"尸祭"指的是长辈吊唁丧家晚辈时，晚辈磕头答礼的习俗；而川渝地区的小孩口语中"讫了"表示一轮游戏结束。这些词汇反映了当地独特的社会风貌和文化传统。古代汉语方言词汇在传承中不断发展变化：一方面，一些古老的方言词汇随着历史的推移逐渐消失或被新的词汇所取代；另一方面，一些具有生命力的方言词汇则得以保留并传承至今。这种传承性与变化性体现了方言词汇的动态性和生命力。例如，"黔首"一词在秦代表示"民"，但在现代汉语中已不再使用；而"老虎"一词则从古汉语中的单音词发展成为现代汉语中的双音词，并一直沿用至今。

古代汉语方言词汇的构成方式多种多样。除了单音词和双音词外，还包括联绵词、叠音词、通名和专名等多种词汇类型。这些词汇类型在表达上具有独特的优势，能够更加生动形象地描绘事物或表达情感。例如，《楚辞》中的"溷浑"一词保留了古汉语中"浑浊"的意思，但在梅县客家话中则变为语素的形式出现；而"笪"字在唐代元稹的诗中表示"斜"的意思，在梅县客家话中也被保留并沿用至今。古代汉语方言词汇的意义往往比现代汉语更为丰富和复杂。由于古代汉语中单音词占优势地位，一个词往往具有多个义项和词性变化。这种一词多义的现象在古代汉语方言词汇中尤为普遍。例如，"解"字在古汉语中有剖开、分割肢体、分散、分裂、解开、消散、脱去、排除、分析、解释、晓悟、理解、通达、排泄等多种义项和词性变化。这种词汇意义的丰富性不仅增加了语言的表达能力，也为后世汉语的发展提供了丰富的素材和灵感。古代汉语方言词汇与共同语之间存在着密切的相互影响关系。一方面，共同语对方言词汇具有规范和引导的作用；另一方面，方言词汇也为共同语提供了丰富的词汇资源和表达方式。例如，《诗经》中的许多词汇就来源于各地的方言词汇，这些词汇经过雅言的加工和提炼后成为共同语的一部分；而唐宋以后随着南方经济的崛起和文化的交流增多，南方方言词汇也逐渐渗透到共同语中并对共同语产生了深远的影响。

（三）古代汉语方言词汇的研究价值

古代汉语方言词汇的研究具有重要的学术价值和文化意义。首先，通过对古代汉语方言词汇的考察，可以揭示汉语在不同地域、不同历史时期中的多样性和演变轨迹，有助于更全面地了解汉语的发展历程和文化传统。其次，古代汉语方言词汇中蕴含着丰富的地域文化内涵和社会历史信息，对于研究古代社会、历史、文化等方面具有重要意义。最后，古代汉语方言词汇的研究还可以为现代汉语词汇的丰富和发展提供有益的借鉴和启示，促进汉语语言的不断发展和完善。

二、古代汉语方言词汇的地域分布与差异

古代汉语方言词汇的地域分布与差异，是汉语历史语言学研究的重要领域之一。这一领域的研究不仅揭示了古代汉语在不同地域中的多样性，还为我们理解汉语方言的形成、演变及其背后的社会历史背景提供了丰富的素材。

（一）古代汉语方言词汇的地域分布

在先秦时期，中国各地的方言已经呈现出明显的地域差异。据《礼记·王制》记载，"五方之民，言语不通，嗜欲不同。"这反映了当时中国各地存在着不同的方言。根据现有的文献记载，先秦时期，今山西、陕西北部和甘肃一带的诸戎与中原言语不通；中原人认为南蛮人说话如鸟语，不知所云；山东的齐与南方的楚的方言差别也很大；巴蜀直到为秦所灭后，才与中原地区沟通，言语原当不同；越语则不经翻译便难以与中原人沟通。这些记载表明，当时的方言分布已经相当广泛且复杂。秦汉时期，随着国家的统一和交通的改善，方言的分布逐渐呈现出更为清晰的区域特征。据《轩使者绝代语释别国方言》记载，秦汉之际的方言大致可以分为八个区域：燕朝方言、赵魏方言、海岱方言、周洛方言、吴越方言、楚方言、秦晋方言和蜀汉方言。这些方言区域与当时的行政区划、地理条件、人口迁移等因素密切相关。例如，燕朝方言分布于今河北省北部和辽宁省全境及朝鲜北部；吴越方言则分布于今浙江全省、江苏徐州以南地区、安徽东部、江西东北部及福建省北部。

随着历史的推移，古代汉语方言词汇的地域分布也发生了显著的变化。两汉之交，秦晋方言已糅合为一，并在全国占有最重要的地位，后代北方汉语就是以当时的秦晋与雒阳一带的方言为基础而逐渐定型的。到了唐宋时期，南方经济逐渐崛起，南方方言词汇也随之丰富起来。明清时期，随着人口的迁移和交通的改善，方言之间的交流与融合进一步加深，方言的分布也呈现出更为复杂的态势。

（二）古代汉语方言词汇的地域差异

古代汉语方言词汇的地域差异体现在语音上。由于地理条件、人口迁移、民族融合等因素的影响，不同地区的方言在语音上存在着显著的差异。例如，《楚辞·九章·涉江》中的一句诗"带长铗之陆离兮，冠切云之崔嵬"，其中的"长铗"就是"长剑"，当时楚国一带的人把"剑"读作"铗"，这反映了楚方言在语音上的独特性。类似的例子还有很多，例如，"知"在齐国与宋国读作"哲"，在楚国读作"党"或"晓"，这些差异都体现了古代汉语方言词汇在语音上的多样性。除了语音差异外，古代汉语方言词汇的地域差异还体现在词汇上。不同地区的人们根据自己的生活环境和文化背景创造了各具特色的方言词汇。这些词汇往往与当地的自然环境、社会生产、日常生活密切相关。例如，"尸祭"是四川农村中特有的习俗词汇；而"讫了"则是川渝地区小孩口语中表示一轮游戏结束的词汇。这些词汇反映了当地独特的社会风貌和文化传统。同时，由于历史的发展和社会文化的交流，一些方言词汇也会逐渐渗透到其他方言或共同语中，形成跨地域的词汇共享现象。

古代汉语方言词汇的地域差异还体现在语法上。虽然古代汉语的语法结构相对稳定，但不同地区的方言在语法上仍存在着一定的差异。这些差异主要体现在词序、助词、句式等方面。例如，在某些方言中可能存在着与共同语不同的词序习惯；助词的使用也可能因方言而异；句式结构也可能因方言的不同而有所变化。这些语法差异虽然不如语音和词汇差异那么显著，但仍是方言地域特征的重要组成部分。

（三）古代汉语方言词汇地域分布与差异的影响因素

行政区划与地理条件是影响古代汉语方言词汇地域分布与差异的重要因素之一。一些历史行政区域长期较为稳定的地区，其方言词汇的地域特征也往往较为明显。同时，地理条件如崇山峻岭、河流湖泊等自然阻隔也会导致方言词汇的地域差异。例如，湘方言主要分布在湖南境内，但并未覆盖湖南全省，而是只分布在湘水、资水流域。这种分布特征就与当地的地理条件密切相关。人口迁移与民族融合也是影响古代汉语方言词汇地域分布与差异的重要因素之一。历史上的大规模人口迁移往往会导致方言词汇的扩散与融合。例如，魏晋南北朝时期北方汉族居民为躲避战乱大规模南迁，就带来了中原方言词汇的扩散与融合。同时，民族融合也会导致方言词汇的相互影响与演变。例如，南方方言底层有壮侗语、苗瑶语的成分，北方方言中有阿尔泰语的成分，这些都体现了民族融合对方言词汇的影响。

语言接触与共同语的影响也是不可忽视的因素之一。不同方言之间的交流与接触会导致方言词汇的相互影响与演变。同时，共同语作为官方使用的标准语言也会对方言词汇产生影响。例如，明清时期北京官话逐渐取代南京官话获得国语的地位，就对北方方言词汇产生了深远的影响。此外，古代文献如《诗经》、《楚辞》等经典作品中所使用的雅言或通语也对后世方言词汇产生了重要的示范作用。

三、古代汉语方言词汇的文化内涵与历史价值

古代汉语方言词汇作为中华民族丰富多彩的文化遗产之一，蕴含着深厚的文化内涵与历史价值。它们不仅是地域文化的直接体现，也是历史变迁、社会风貌、民族融合等多方面信息的载体。

（一）古代汉语方言词汇的文化内涵

方言词汇作为特定地域内人们交流的工具，其形成和发展与当地的自然环境、社会生产、风俗习惯、宗教信仰等密切相关。因此，方言词汇往往成为地域文化的直接体现。例如，四川方言中的"尸祭"一词，反映了当地丧葬习俗中晚辈对长辈吊唁的特殊仪式；而"讫了"一词则常用于川渝地区小孩之间的游戏中，表示一轮游戏的结束。这些词汇不仅丰富了当地人的语言

生活，也成为了地域文化的重要组成部分。

古代汉语方言词汇中蕴含着丰富的社会历史信息。通过对方言词汇的考察，可以了解到古代社会的生产生活方式、社会结构、阶级关系等方面的情况。例如，在西安方言中，"麻达"一词借自维吾尔语，指"麻烦"或"问题"，这反映了历史上西安作为丝绸之路起点，与西域各民族频繁交流的历史背景；而"把式"一词则借自蒙古语，在西安方言中指"行家里手、有专门技术的人"，这反映了历史上蒙古民族对西安地区的影响。这些词汇的存在为我们研究古代社会历史提供了重要的线索。古代汉语方言词汇的形成和发展过程中，民族融合与语言接触起到了至关重要的作用。不同民族之间的交流与融合导致了方言词汇的相互渗透和影响。例如，一些少数民族语言中的词汇被吸收到汉语方言中，成为汉语方言词汇的一部分。同时，不同方言之间的交流与接触也促进了方言词汇的相互借鉴和融合。这种民族融合与语言接触的现象在方言词汇中得到了生动的体现。

（二）古代汉语方言词汇的历史价值

古代汉语方言词汇作为汉语历史长河中的重要组成部分，其演变规律对于理解整个汉语语言系统的发展具有重要意义。通过对古代汉语方言词汇的考察，可以了解到汉语在不同历史时期、不同地域中的演变轨迹和特点。这有助于我们更全面地认识汉语的历史地位和发展趋势。同时，方言词汇的演变规律也为现代汉语的研究提供了重要的参考和借鉴。古代汉语方言词汇中蕴含着丰富的古代文化遗产。这些词汇不仅反映了古代社会的生产生活方式、社会结构、阶级关系等方面的情况，还包含了古代文学、艺术、民俗等多方面的信息。通过对方言词汇的挖掘和整理，可以更好地传承和弘扬中华民族的优秀文化遗产。这对于增强民族自信心、促进文化交流、推动社会文明进步具有重要意义。

古代汉语方言词汇作为语言学研究的重要领域之一，其研究对于推动语言学学科的发展具有重要意义。通过对古代汉语方言词汇的考察和分析，可以深入了解语言的结构特点、演变规律及其背后的社会历史背景。这对于丰富语言学理论、拓展语言学研究领域、提高语言学研究水平具有重要意义。同时，方言词汇的研究也有助于促进不同方言之间的交流与融合，推动汉语方言文化的传承与发展。

（三）古代汉语方言词汇的保护与传承

随着社会的快速发展和普通话的推广，许多地方方言面临着逐渐消失的危险。方言的消失不仅意味着一种语言资源的流失，更意味着一种文化传统的中断。因此，加强方言的保护与传承具有重要意义。政府、社会和个人都应该共同努力，采取有效措施加强对方言的保护与传承工作。

为了有效保护古代汉语方言词汇及其背后的文化内涵与历史价值，可以采取的措施包括：通过录音、录像、数字化等现代科技手段保存方言资料，为方言的研究与传承提供可靠的资料基础；组织专家学者对方言进行深入研究，挖掘其文化内涵和历史价值；加强方言与共同语之间的比较研究，揭示方言与共同语之间的内在联系与区别。在日常生活中尽量使用方言交流，保持方言的活力；同时在学校教育、媒体传播等方面加强对方言的宣传与推广。通过展示方言的历史、文化、特点等方面的内容，提高公众对方言的认知度和兴趣度；同时开展方言文化活动如方言演讲比赛、方言歌曲比赛等以丰富公众的文化生活。政府应出台相关政策支持方言的保护与传承工作；同时加大对方言保护与传承工作的资金投入力度，确保方言保护与传承工作的顺利开展。

第五章　近现代汉语词汇演变

第一节　近现代汉语词汇变革的背景

一、近现代社会的历史变革与文化转型

近现代社会的历史变革与文化转型是一个宏大且复杂的主题，它涉及政治、经济、社会结构、思想观念等多个层面的深刻变化。这一进程不仅标志着人类文明的重大进步，也伴随着种种挑战与冲突。

（一）历史变革的背景与动力

近现代社会的历史变革首先源于工业革命的兴起。18世纪中后期，英国率先发生了以机器生产代替手工劳动的工业革命，极大地提高了生产效率，推动了社会生产力的飞速发展。随后，工业革命逐渐扩展到欧洲大陆及北美等地，引发了全球范围内的经济、社会结构变革。随着经济的发展，原有的封建制度逐渐瓦解，资产阶级革命相继爆发，如法国大革命、美国独立战争等，确立了资本主义政治制度，为社会的进一步发展奠定了基础。同时，民主、自由、平等等现代政治理念逐渐深入人心，成为推动社会变革的重要力量。

科技革命是推动近现代社会变革的另一重要动力。从蒸汽机、电力的广泛应用，到电子计算机、互联网技术的兴起，科技的不断进步不仅改变了生产方式，也深刻影响了人们的生活方式、思维方式和价值观念。

（二）文化转型的表现与特征

近现代社会的文化转型首先表现为从传统文化向现代文化的转变。这一转变体现在多个方面，例如，从封建礼教向现代道德观念的转变，从宗教神秘主义向科学理性主义的转变，从封闭保守向开放创新的转变，等等。这些转变使得人们的思想更加解放、视野更加开阔，为社会的进步提供了强大的精神动力。随着全球化的加速，不同文化之间的交流与融合成为近现代文化转型的重要特征。西方文化的传入，如民主、科学、人权等观念，对中国等东方国家产生了深远影响。同时，东方文化也在与西方文化的交流与碰撞中，不断汲取新的元素，实现自我更新与发展。这种多元文化的融合与交流，不仅丰富了人类的文化宝库，也促进了全球文化的多样性与繁荣。

近现代社会的文化转型还表现为大众文化的兴起。随着工业化、城市化的进程加快，大众文化逐渐成为文化领域的主流。电影、电视、网络等新媒体的兴起，使得文化产品的传播更加广泛、快捷，满足了人们日益增长的文化需求。同时，大众文化也以其通俗性、娱乐性等特点，吸引了广大民众的参与，成为近现代文化转型中不可忽视的力量。

（三）历史变革与文化转型的影响与挑战

近现代社会的历史变革与文化转型对社会结构产生了深远影响。工业化、城市化的进程使得社会阶层结构发生了重大变化，工人阶级、中产阶级等新兴阶层逐渐崛起，成为社会的重要力量。同时，文化转型也推动了社会观念的变革，如性别平等、种族平等观念的普及，使得社会结构更加多元、开放。历史变革与文化转型为经济发展提供了强大的动力。工业革命、科技革命等推动了生产力的飞速发展，为经济的持续增长奠定了基础。同时，文化转型也催生了新的文化产业和文化消费市场，为经济发展注入了新的活力。然而，随着经济的快速发展，也带来了环境污染、资源枯竭等问题，需要在发展经济的同时，注重环境保护和可持续发展。

近现代社会的历史变革与文化转型对人们的思想观念产生了深刻影响。民主、自由、平等、科学等现代理念逐渐深入人心，成为人们追求幸福生活的指南。同时，文化转型也推动了人们思维方式的变革，例如，从单一思维向多元思维的转变，从静态思维向动态思维的转变，等等。这些变革使得人们更加能够适应时代的变化和发展。然而，近现代社会的历史变革与文化转型也面临着诸多挑战。如全球化带来的文化冲突与融合问题、科技发展带来的伦理道德问题、经济发展带来的环境污染问题等。面对这些挑战，我们需要保持开放的心态和包容的精神，积极寻求解决之道。同时，我们也需要加强国际合作与交流，共同应对全球性挑战和问题。

二、近现代汉语词汇变革的动因分析

近现代汉语词汇的变革是语言发展史上的一个重要阶段，它反映了社会、文化、科技等多方面的深刻变化。这一变革不仅体现在词汇数量的激增上，更在于词汇内涵、结构和使用方式上的根本性转变。

（一）社会变革的推动

近现代社会经历了前所未有的快速发展，新事物、新现象层出不穷。这些新事物和新现象需要新的词汇来指称和描述。例如，随着工业化、现代化的推进，"电灯""电话""电脑"等词汇应运而生；随着科技的进步，"互联网""智能手机""人工智能"等词汇也逐渐进入人们的日常语言。这些新词汇的出现，满足了人们对新事物认知和交流的需要。

社会结构的变迁和生活方式的改变也是推动词汇变革的重要因素。随着工业化和城市化的推进，社会阶层、职业分工、家庭结构等发生了显著变化。这些变化促使了大量反映新社会阶层、新职业、新生活方式词汇的产生。例如，"白领""蓝领"等词汇反映了社会阶层的分化；"网购""外卖"等词汇则体现了现代生活方式的变化。

（二）文化转型的引导

近现代时期，随着西方文化的传入和本土文化的觉醒，人们的思想观念发生了深刻变化。这些变化直接影响了词汇的使用和内涵。例如，"民主""科学""人权"等西方思想观念的引入，促使了相关词汇在汉语中的广泛使用；同时，一些传统词汇也因其所承载的封建思想而被逐渐淘汰或改变含义。

文化交流与融合也是推动词汇变革的重要因素。随着全球化进程的加快，不同文化之间的交流日益频繁。这种交流不仅促进了语言间的相互借用，也推动了词汇的创新与发展。例如，英语中的"cool""hi-tech"等词汇被直接借用到汉语中；同时，汉语中的"功夫""太极"等词汇也被广泛传播到世界各地。

（三）科技进步的助力

科技进步是推动词汇变革的直接动力之一。随着科学技术的迅猛发展，大量反映新科技成果的词汇不断涌现。这些词汇往往具有专业性强、构词新颖等特点。例如，"基因""纳米""量子"等词汇反映了生物科技、材料科学等领域的最新成果；"云计算""大数据""人工智能"等词汇则体现了信息技术领域的最新趋势。

信息传播方式的变革也对词汇变革产生了重要影响。随着互联网、手机等新媒体的普及，信息传播速度加快、范围扩大。这种变革不仅促进了新词汇的快速传播和广泛使用，也推动了词汇的创新与发展。例如，"网红""直播带货"等词汇就是在新媒体环境下产生的新词汇；同时，一些传统词汇也因其在新媒体环境中的特殊用法而获得了新的生命力。

（四）语言内部规律的制约

语言是一个动态平衡的系统，词汇系统也不例外。当新词汇大量涌现时，词汇系统会通过自我调节来保持平衡。这种自我调节体现在词汇的替换、词义的演变等方面。例如，随着"电脑"一词的广泛使用，"计算机"一词逐渐退居次要地位；同时，"熟"一词也由原来的食物烹饪程度引申出成熟（植物生长）、熟悉（人际）等多重含义。

构词方式的创新也是推动词汇变革的重要因素之一。随着社会的发展和科技的进步，人们不断创造出新的构词方式来满足表达的需要。例如，复合式构词法在现代汉语中得到了广泛应用，如"互联网＋""人工智能＋"等词汇就是典型的复合式构词；同时，附加式构词法也得到了新的发展，如"网红""学霸"等词汇就是通过附加词缀或准词缀构成的。

三、近现代汉语词汇变革的影响与意义

近现代汉语词汇的变革，作为语言发展的重要组成部分，不仅深刻反映了社会、文化和科技的变迁，还对文学、教育、交流、文化传承等多个领域产生了深远的影响。

（一）对文学创作的影响

随着新词汇的不断涌现，作家们拥有了更为丰富的语言资源来表达复杂的思想和情感。新词汇往往具有时代感强、形象生动等特点，能够更直接、更准确地捕捉社会现实和人物心理。例如，"蚁族"一词生动形象地描绘了都市中那些生活压力大、奋斗艰辛的青年群体；"网购"一词则简洁明了地概括了互联网时代的购物新方式。这些新词汇的运用，使得文学作品更加贴近现实生活，更加具有时代气息。

词汇的变革往往伴随着社会现象和思想观念的变化，这为文学创作提供了新的主题和内容。作家们可以运用新词汇来探讨新的社会问题、反映

新的社会现象、表达新的思想观念。例如，随着环保意识的提高，"绿色经济""可持续发展"等词汇逐渐成为文学创作的热门话题；随着网络文化的兴起，"网络文学""新媒体文学"等新型文学形式也应运而生。这些新主题和新内容的出现，丰富了文学作品的内涵和外延，推动了文学的多样化和繁荣。

（二）对教育教学的影响

近现代汉语词汇的变革推动了语言教育的现代化进程。随着新词汇的不断涌现和旧词汇的逐渐淘汰，语言教学内容需要不断更新和完善。现代语言教育注重培养学生的语言运用能力和跨文化交际能力，而新词汇的学习和掌握则是其中不可或缺的一部分。同时，随着信息技术的发展，语言教学手段也日益多样化、个性化，这为新词汇的教学提供了更多可能性。

新词汇的学习和运用不仅能够丰富学生的语言知识储备，还能够提高他们的语言素养和综合素质。通过学习新词汇，学生可以更好地理解和适应现代社会的发展变化，增强社会责任感和使命感。同时，新词汇往往具有创新性、时代感等特点，能够激发学生的创新思维和想象力，培养他们的创新意识和实践能力。

（三）对交流沟通的影响

新词汇的出现和普及使得语言交流更加便捷、高效。在日常生活和工作中，人们可以通过使用新词汇来快速传达信息和表达意图，减少沟通障碍和误解。例如，"微信""支付宝"等词汇已经成为人们日常生活中不可或缺的交流工具；而"共享经济""直播带货"等新词汇则让人们能够更直观地了解新兴的经济模式和消费方式。

词汇的变革也促进了语言文化的多样性。随着全球化进程的加速和跨文化交流的增多，不同国家和地区的语言文化相互影响、相互融合。这种融合不仅体现在新词汇的借用和创造上，还体现在语言风格、表达习惯等多个方面。这种多样性的出现不仅丰富了人们的语言表达方式，也促进了文化的交流和传播。

（四）对文化传承的意义

词汇的变革是历史变迁的忠实记录者，每一个新词汇的诞生都承载着特定的历史背景和文化内涵，它们反映了社会现象、思想观念的变化和发展。通过对新词汇的研究和分析，可以更深入地了解历史变迁的轨迹和文化传承的脉络。例如，"改革开放""一国两制"等词汇记录了中国近现代史上的重要事件和决策；而"互联网＋""人工智能"等词汇则体现了科技进步对社会生活的深远影响。

词汇的变革不仅记录了历史变迁的轨迹，还推动了文化的传承与创新。一方面，新词汇的出现和普及使得传统文化得以在现代社会中得以延续和发展；另一方面，新词汇的创新和运用也为文化的创新提供了新的动力和源泉。例如，国学热、传统文化复兴等现象的出现表明人们对传统文化的重视和传承；而网络文学、新媒体艺术等新型文化形式的出现则展现了文化创新的无限可能。

第二节　白话文运动对词汇的影响

一、白话文运动的基本概念与特点

白话文运动作为中国现代文学史上的重要事件，其基本概念与特点深刻影响了中国语言、文学乃至整个社会的发展。

（一）基本概念

白话文运动又称"新文学运动"或"文学革命"，是指 20 世纪初中国文学界发起的一场旨在改革传统文言文，推广使用白话文（接近日常口语的书面语）的文体革新运动。这一运动以胡适、陈独秀、鲁迅等人为核心，通过《新青年》等刊物发表大量文章，倡导白话文的使用，反对文言文的正统地位，从而推动了中国文学和语言的现代化进程。

（二）历史背景

20 世纪初，随着西方现代思潮的涌入，中国知识分子开始反思传统文化的弊端，寻求国家富强和民族振兴的新路径。欧洲文艺复兴时期的语言革新运动，特别是《圣经》的翻译对民族语言的形成和统一所起的作用，对中国知识分子产生了深刻启示。同时，日本明治维新后通过"言文一致"政策成功普及教育，也为中国提供了宝贵经验。

清末民初，中国面临着内忧外患的困境，积贫积弱的社会现状急需通过思想启蒙和时代觉醒来改变。传统的文言文因其艰涩难懂，难以适应普及教育和开启民智的需要。因此，推广浅显易懂、简单易学的白话文成为时代的需求。

（三）主要特点

白话文运动不仅是文学语言的革新，更是思想文化的解放。它高举民主与科学的大旗，批判传统儒家思想的束缚，倡导自由、平等、博爱的现代价值观念。通过白话文的使用，广大民众能够更直接地接触和理解新思想、新文化，从而推动了整个社会的思想启蒙和进步。白话文运动的核心在于反对文言文的正统地位，推广使用白话文。胡适在《文学改良刍议》中提出的"八大主张"，如言之有物、不模仿古人、讲求文法等，为白话文的创作和普及提供了理论支持。随着《新青年》等刊物全部改用白话文，以及鲁迅《狂人日记》等白话文学作品的发表，白话文逐渐在文学界取得了合法地位，并最终成为现代汉语的标准语言。

白话文运动不仅是一场文学革命，更是社会改革的重要组成部分。白话文的推广使用，降低了文化交流的成本和教育难度，提高了学习效率。同时，白话文运动也促进了社会进步和改革，使人们开始更多地关注现实问题，有了更多的思考和创新。这种文学与社会的紧密结合，使得白话文运动具有了更加深远的历史意义。白话文运动是一场自下而上的语言规划的成功典范。广大知识分子在运动中积极提升白话文的声望和地位，通过发表著述、讲学、发行白话文报刊、编写白话文教科书、开办学校等活动，推动了白话文的普及和"雅化"。这种语言规划活动不仅赢得了广大民众的支持和认同，也逐步得到了上层决策者的认可和支持。

（四）深远影响

白话文运动促进了现代汉语文学的发展和成熟，建立了现代汉语文学的基础。白话文成为现代汉语的标准语言后，文学家们开始大量创作白话小说、白话散文等白话文学作品，使得白话文学在内容和形式上更加丰富多样。同时，白话文的使用也促进了文学创作的民主化和大众化，使得更多人能够参与到文学创作中来。白话文运动推动了中国教育的现代化进程。在白话文运动之前，教育都是以文言文为基础的，这使得教育难以在广大民众中普及。而随着白话文运动的兴起和发展，白话文逐渐被用于教育领域，学生们也开始学习和使用白话文。这种变化不仅降低了教育的难度和成本，也提高了教育的质量和效率。

白话文运动使得文化和知识不再只属于少数精英阶层，而是开始在广大民众中普及。由于白话文的简洁易懂，更多人能够读懂和接受文化作品，从而提高了中国文化的普及率。这种变化不仅丰富了民众的精神生活，也促进了社会文化的整体进步和发展。白话文运动作为中国现代史上的一项重要运动，不仅推动了文学和教育的发展，也促进了社会进步和改革。通过使用白话文，人们开始更多地关注现实问题，有了更多的思考和创新。这种变化不仅推动了社会的进步和发展，也为后来的革命和建设事业奠定了坚实的基础。

二、白话文运动对汉语词汇的革新作用

白话文运动作为中国现代文学史上的一场深刻变革，不仅重塑了中国文学的表达方式，更在汉语词汇的革新上发挥了不可估量的作用。这一运动不仅推动了文言向白话的转变，还促进了词汇的丰富、表达的通俗化及语言的规范化，为中国现代汉语词汇体系的形成奠定了基础。

（一）推动词汇的丰富与发展

白话文运动促进了新事物的产生和旧事物的淘汰，这一社会变革在语言层面表现为大量新词汇的诞生。随着西方科学、民主思想的传入，以及中国社会自身的变革，许多反映新事物、新概念的新词汇应运而生。例如，"民主""科学""共和""社会主义"等政治词汇，"电话""火车""电灯"等科技词汇，以及"自由恋爱""女权主义"等社会词汇，都是这一时期新产生的词汇。这些新词汇的引入，极大地丰富了汉语的词汇量，使得汉语能够更准确地表达现代社会的复杂现象。

与新词的产生相对应的是旧词的改造与淘汰。白话文运动反对文言文的繁缛和晦涩，主张语言的通俗化和简洁化。因此，许多文言词汇因不适应现代表达的需要而被逐渐淘汰或改造。例如，"之乎者也"等文言虚词在白话文中大大减少使用，取而代之的是更加直白的表达方式。同时，一些文言实词也被赋予了新的含义或用法，以适应现代社会的需要。例如，"民主"一词在文言文中并不常见，但在白话文运动中被赋予了新的政治含义，成为现代汉语词汇中的重要一员。

（二）促进表达的通俗化与规范化

白话文运动的核心目标之一是实现语言的通俗化，使文学作品能够更广泛地普及。为了达到这一目标，白话文运动倡导使用接近日常口语的词汇和表达方式，避免使用生僻难懂的文言词汇和句式。这一变革使得汉语的表达

更加贴近民众生活，更加易于理解和接受。例如，在成语使用上，白话文运动推动了成语的通俗化变异，如"童叟无欺"变异为"老少无欺"，"见风使舵"被变异为"见风使船""看风使船"等，这些变异成语虽然改变了原有的语素组合，但整体意义与用法保持不变，更加符合现代汉语的表达习惯。

除了通俗化之外，白话文运动还促进了汉语表达的规范化。在文言文时代，由于书写工具和材料的限制及文人士大夫的审美情趣影响，汉语表达往往追求形式上的工整和对称而忽略了实际表达的需要。白话文运动则反对这种形式主义倾向，主张语言的实用性和表达效果。为了实现这一目标，白话文运动倡导使用标点符号、简化字等现代书写工具和方法来规范汉语表达。例如，《新青年》等刊物在发表文章时开始使用标点符号来区分句子成分和表达语气；同时，政府也颁布了一系列简化字方案来推广简化字的使用。这些措施有力地推动了汉语表达的规范化进程。

（三）对异体成语的推动作用

在白话文运动期间，异体成语的大量涌现是一个显著现象。这些异体成语通过改换原有成语的某些构成要素而保持整体意义与用法不变，反映了当时报人和作家在语言运用方面冲破旧有文言格局、建立新文法的决心和尝试。这些异体成语的产生不仅丰富了汉语的成语库，还推动了成语的通俗化和现代化进程。同时，异体成语的出现也反映了汉语以表意为主的特点，以及成语内部各构成要素之间意义组合的灵活性。即使结构有所变化或个别语素有所变化，成语的整体意义仍然能够保持不变。

（四）对现代汉语词汇体系形成的影响

白话文运动为现代汉语词汇体系的形成奠定了重要基础。通过推广白话文、倡导语言变革等措施，白话文运动打破了文言文的束缚和限制，为汉语词汇的丰富和发展提供了广阔空间。同时，白话文运动还推动了汉语表达的通俗化和规范化进程，使得汉语能够更准确地表达现代社会的复杂现象和人们的思想情感。这些变革为现代汉语词汇体系的形成奠定了坚实基础。

除了奠定基础之外，白话文运动还推动了现代汉语词汇体系的不断发展和完善。随着社会的不断进步和科技的不断发展，新事物、新概念层出不穷，汉语词汇也需要不断更新和扩展，以适应时代发展的需要。白话文运动所倡导的开放性和包容性，为汉语词汇的更新和扩展提供了有力支持。同时，白话文运动还促进了汉语表达的规范化进程，使得汉语能够更准确地表达客观事物和主观情感。这些变革不仅推动了现代汉语词汇体系的不断发展和完善，还促进了汉语在国际交流中的地位和影响力的提升。

三、白话文运动对汉语词汇规范化的推动

白话文运动对汉语词汇的规范化起到了至关重要的推动作用。这一运动不仅促进了汉语从文言向白话的转变，还通过一系列措施和标准，逐步确立了现代汉语词汇的规范化体系。

（一）白话文运动的历史背景与动因

20世纪初的中国，正经历着前所未有的社会变革。随着西方列强的入侵和国内民族矛盾的激化，传统的社会结构和思想观念受到了巨大冲击。为了救亡图存，中国知识分子开始反思传统文化，寻求现代化的道路。在这一背景下，语言作为文化的载体和交流的工具，自然成为了改革的焦点之一。

文言文作为古代汉语的书写形式，虽然承载着丰富的历史文化内涵，但其繁缛晦涩的表达方式已不适应现代社会的发展需求。随着教育普及和民众文化素质的提高，一种更为简洁、通俗的语言形式成为迫切需求。白话文因其接近日常口语的特点，逐渐受到知识分子的重视。

（二）白话文运动对汉语词汇规范化的推动作用

白话文运动首先通过一系列文章和著作的发表，确立了白话文在文学创

作和学术交流中的正统地位。在这一过程中，大量使用白话文创作的文学作品和学术著作不断涌现，使得白话文逐渐深入人心。随着白话文地位的提升，其作为现代汉语标准语体的地位也得以确立，为汉语词汇的规范化提供了基础。

在白话文运动推动下，一系列旨在规范汉语词汇的举措相继出台。政府和教育机构开始制定和推广标准词汇表，以统一和规范汉语的表达方式。这些标准词汇表不仅收录了常用的基本词汇，还对新产生的词汇进行了筛选和整理，确保其在语言交流中的准确性和一致性。通过推广标准词汇，白话文运动有力地推动了汉语词汇的规范化进程。

在白话文运动之前，汉语的书写形式往往缺乏明确的标点符号和语法规则，导致阅读和理解上的困难。为了改变这一状况，白话文运动积极引入标点符号和语法规则，使汉语的书写形式更加清晰、准确。这一变革不仅提高了汉语的表达效果，还为汉语词汇的规范化提供了有力支持。通过标点符号和语法规则的运用，汉语词汇的组合和排列更加规范有序，有助于减少歧义和误解。白话文运动还推动了辞书的编纂和语言规划工作的开展。为了满足广大民众对语言知识的需求，一系列旨在解释和规范汉语词汇的辞书相继问世。这些辞书不仅收录了丰富的词汇和例句，还对其进行了详细的解释和分类，为汉语词汇的规范化提供了重要参考。同时，政府和教育机构也开始重视语言规划工作，通过制定相关政策和措施来推动汉语词汇的规范化进程。

（三）白话文运动对汉语词汇规范化的具体影响

白话文运动打破了文言文的束缚和限制，使得汉语词汇的丰富与更新成为可能。随着新事物、新概念的不断涌现，大量新词汇应运而生并逐渐被纳入规范汉语词汇体系之中。这些新词汇不仅丰富了汉语的词汇量，还反映了社会变革和时代发展的特点。同时，一些旧有的词汇也在白话文运动的影响下得到了更新和改造，以适应现代社会的需要。通过一系列规范和标准的制定与推广，白话文运动提高了汉语词汇的准确性与规范性。在白话文运动中，知识分子们对汉语词汇进行了深入的研究和探讨，提出了许多有益的见解和建议。这些成果不仅促进了汉语词汇的规范化进程，还提高了汉语词汇的准确性和规范性。例如，通过对同义词、反义词等词汇关系的辨析和整理，汉语词汇的表达更加精确和严谨；通过对词汇搭配、语序等语法规则的规范和完善，汉语词汇的组合和排列变得更加合理和有序。

白话文运动还推动了语言的普及与教育工作的开展。通过推广白话文和使用标准汉语词汇表等措施，更多人能够掌握和使用规范汉语进行交流和学习。这一变革不仅提高了人们的语言素质，还促进了社会文化的整体进步和发展。同时随着教育普及程度的提高，越来越多的人开始接受和使用规范汉语进行文学创作和学术交流，进一步推动了汉语词汇的规范化进程。

第三节　新文化运动中的新词新义

一、新文化运动的基本概念与背景

（一）新文化运动的基本概念

新文化运动是 20 世纪初中国先进知识分子发起的一场反对封建主义、倡导民主与科学的思想解放运动。这一运动以《新青年》杂志和北京大学为主要阵地，陈独秀、李大钊、鲁迅、胡适、蔡元培等人为主要发起人，旨在通过普及民主与科学思想，打破封建主义的束缚，推动中国社会的现代化进程。新文化运动不仅是一场文学革命，更是一次深刻的思想文化革新，对中国近现代历史产生了深远的影响。

（二）新文化运动的背景

20 世纪初的中国，正处于半殖民地半封建社会，社会矛盾尖锐，国家面临着内忧外患的局面。帝国主义列强加紧侵略，通过一系列不平等条约割占中国领土、掠夺经济资源，严重损害了中国的主权和民族利益。同时，国内军阀混战、政治腐败、民不聊生，人民对封建专制统治和帝国主义侵略感到深切的痛恨和不满。在这种背景下，新文化运动作为一场反帝反封建的思想文化运动应运而生，旨在通过思想启蒙和文化变革来推动中国的政治革新和社会进步。第一次世界大战期间，由于帝国主义列强忙于在欧洲战场厮杀，暂时放松了对中国的经济侵略，中国民族资本主义得到了进一步发展。民族资产阶级力量逐渐壮大，登上了政治舞台，他们强烈要求实行民主政治、发展资本主义。这一经济背景为新文化运动的兴起提供了物质基础和力量支持。民族资产阶级的兴起和新式知识分子的成长，使得新文化运动具备了广泛的社会基础和群众基础。

辛亥革命后，虽然推翻了清朝的封建专制统治，建立了政权，但革命成果并未得到巩固，民主共和的思想并未深入人心。相反，袁世凯等封建军阀为复辟帝制而推行尊孔复古的逆流，试图通过恢复儒家思想来巩固其统治地位。这一举动引起了广大知识分子的强烈反感和抵制。同时，西方启蒙思想进一步传播到中国，民主共和的思想深入人心。先进的知识分子认识到，要真正实现民主共和政体，必须从文化思想上冲击封建思想和封建意识。在这种背景下，新文化运动作为一场反传统、反孔教、反文言的思想文化革新运动应运而生。第一次世界大战的爆发和俄国十月革命的胜利对新文化运动的兴起产生了重要影响。第一次世界大战暴露了资本主义制度的弊端和矛盾，使得中国先进知识分子开始反思西方文明和资本主义制度。同时，俄国十月革命的胜利给中国带来了马克思主义这一新的思想武器和革命道路选择。新文化运动中的先进分子开始接触和传播马克思主义，为中国共产党的成立奠定了思想基础。

（三）新文化运动的主要内容

新文化运动以民主和科学两面旗帜为核心内容，向封建主义展开了猛烈的进攻。具体来说，其主要内容包括：新文化运动倡导民主共和政体，要求平等自由、个性解放，反对封建专制和伦理道德对人性的压抑和束缚。新文化运动倡导科学精神和理性思维，反对尊孔复古思想和偶像崇拜、迷信鬼神等愚昧行为。新文化运动开展了文学革命和白话文运动，提倡用白话文创作文学作品以取代文言文和旧文学形式。这一举措不仅推动了文学形式的革新，还促进了语言的普及和文化的传播。新文化运动积极引进各种西方思想，如德先生（民主）、赛先生（科学）、马克思主义、实用主义等，以丰富和发展中国先进知识分子的思想体系，并推动中国社会的现代化进程。

二、新文化运动中的新词新义分析

新文化运动作为 20 世纪初中国的一场深刻的思想解放和文化革新运动，不仅推动了民主与科学思想的广泛传播，还促进了汉语词汇的丰富与更新。在这场运动中，大量新词新义的产生与流行，不仅反映了当时社会变革和思想解放的时代特征，也为现代汉语的规范化与发展奠定了基础。

（一）新词新义的产生背景

新文化运动发生在中国社会急剧变革的时期，封建专制统治逐渐瓦解，民族资本主义得到发展，民主共和思想深入人心。这一社会变革对语言提出了新的要求，需要更加简洁、通俗、富有表现力的词汇来表达新的思想观念和社会现象。

新文化运动倡导民主与科学，反对封建专制和愚昧迷信，推动了思想解放和文化革新。在这一背景下，知识分子们积极引进西方先进思想，同时结合中国实际进行创造，形成了大量新词新义。新文化运动中的文学革命，特别是白话文运动的兴起，为新词新义的产生提供了土壤。白话文以其接近口语、表达生动的特点，成为新词新义产生和传播的重要载体。

（二）新词新义的类型与特点

比喻式派生新词主要是通过事物之间的相似性来创造新词。在新文化运动中，这类新词大量涌现，例如，"死角"原指射击时射击不到的地方，后用来比喻运动、潮流等尚未影响到而毫无改变之处；"自流"原指液体自动流出，后比喻用来领导不力、放任不管而使人或事自由发展。这些新词通过生动的比喻，形象地表达了新的思想观念和社会现象。引申式派生新词则是从旧词的本义中衍生出新的意义。例如，"文化人"原指从事文化工作的人，后引申为具有一定文化知识的人；"后遗症"原指病情好转或病愈后遗留下来的组织、器官的缺损或功能障碍，后引申为工作没有做好而造成的不良后果。这类新词通过词义的引申和扩展，丰富了汉语词汇的表达力。

新文化运动时期，大量西方先进思想被引入中国，随之产生了一批外来词和译借词。这些词汇不仅丰富了汉语词汇库，还促进了中西文化的交流与融合。如"民主"（democracy）、"科学"（science）、"社会主义"（socialism）等词汇的引入，为新文化运动提供了重要的思想武器。新文化运动时期，许多反映社会变革的新词应运而生。例如，"新文化运动"本身就是一个反映当时文化革新运动的新词；"白话文"则反映了文学革命中提倡以国语代替文言的趋势；"新青年"则象征着追求民主与科学、勇于革新的一代青年知识分子。

（三）新词新义的具体案例分析

"新文化运动"作为新文化运动的核心概念之一，其含义经历了从模糊到清晰的过程。早期它既是一种革新运动的主张，又是描述现状的概念，含义言人人殊。随着运动的深入发展，"新文化运动"逐渐被明确为反对封建主义、倡导民主与科学的文化革新运动。这一新词不仅反映了当时社会变革和思想解放的时代特征，也成为后来研究中国近现代史的重要关键词。

"白话文"是新文化运动中文学革命的重要成果之一。它提倡以国语代替文言，即普及白话文。胡适等知识分子为此不遗余力地推广白话文创作和使用新式标点符号。随着运动的深入发展，"白话文"逐渐取代了文言文成为现代汉语的主要书写形式之一。这一新词不仅推动了文学形式的革新，还促进了语言的普及和文化的传播。

"德先生"与"赛先生"是新文化运动中用来象征民主与科学的两个词汇。"德先生"即"Democracy"（民主）的音译加意译词；"赛先生"即"Science"（科学）的音译加意译词。这两个词汇的引入不仅丰富了汉语词汇库，还生动形象地表达了新文化运动的核心思想——民主与科学，它们成为新文化运动的重要象征之一并广泛传播于社会各界。

（四）新词新义的影响与意义

新文化运动中的新词新义不仅丰富了汉语词汇库还推动了语言的发展与规范。这些新词新义大多符合汉语构词规律和表达习惯，易于被人们接受和使用。它们逐渐成为现代汉语的常用词汇，并为后来的语言规范化工作奠定了基础。新文化运动中的新词新义大多反映了当时社会变革的思想观念和文化趋势，它们通过生动的词汇形式和丰富的文化内涵表达了人们对民主、科学、自由、平等价值的追求和向往。这些新词新义成为当时社会变革的重要见证和记录。

新文化运动中的新词新义还促进了中西文化的交流与融合。许多外来词和译借词的引入不仅丰富了汉语词汇库，还为人们提供了了解西方文化的窗口。同时这些新词新义也反映了中国人对西方先进思想的吸收和借鉴，以及对中国传统文化的批判与反思。这种文化交流与融合的过程不仅推动了中国文化的现代化进程，也促进了世界文化的多样性发展。

三、新词新义对汉语词汇系统的丰富与拓展

词汇是语言的基本单位，是语言中最活跃、最敏感的部分，它随着社会的发展而不断发展，随着人们对客观世界认识的深化而不断丰富。新词新义的产生是语言发展的必然结果，也是社会变革、科技进步、文化交流的反映。新文化运动作为中国近现代史上一次重要的思想解放和文化革新运动，不仅推动了民主与科学思想的广泛传播，还极大地丰富了汉语词汇系统，为新词新义的产生提供了广阔的舞台。

（一）新词新义的产生背景与原因

新词新义的产生，往往与社会的变革、科技的发展、文化的交流等因素密切相关。新文化运动时期，中国正处于社会急剧变革的关头，封建专制统治逐渐瓦解，民族资本主义得到发展，民主共和思想深入人心。同时，西方科技文化的传入，也为新词新义的产生提供了丰富的素材。此外，文学革命的推动，特别是白话文运动的兴起，为新词新义的产生和传播提供了便利条件。

（二）新词新义对汉语词汇系统的丰富

新词新义的大量产生，首先增加了汉语词汇的数量。这些新词新义涵盖了政治、经济、文化、科技等多个领域，如"民主""科学""社会主义""资本主义"等政治词汇，"电话""电灯""电影"等科技词汇，"文学革命""白话文"等文化词汇。这些词汇的引入，使得汉语词汇系统更加完善，能够更好地满足人们表达和交流的需要。新词新义的产生，不仅增加了词汇的数量，还丰富了词汇的意义。一些原有词汇在新文化运动时期被赋予了新的意义，如"文化"一词，原本主要指文学、艺术、教育等方面的知识，但在新文化运动时期，它被赋予了更广泛的意义，包括思想、观念、价值等方面的内涵。这种意义的丰富，使得汉语词汇在表达上更加精确、细腻。

新词新义的产生和传播，往往伴随着词汇的规范化过程。新文化运动时期，一些新词新义在产生之初可能存在着多种写法或读音，但随着时间的推移和使用的广泛，逐渐形成了统一的写法和读音。这种规范化过程，不仅使得汉语词汇系统更加有序、稳定，也方便了人们的学习和使用。

（三）新词新义对汉语词汇系统的拓展

新词新义的产生，拓展了汉语词汇的表达范围。一些原本在汉语词汇系统中没有或表达不够准确的词汇，通过新词新义的引入，得到了更好的表达。例如，"心理学""社会学""经济学"等学科词汇的引入，使得汉语词汇在表达这些学科领域的内容时更加准确、专业。新词新义的产生，往往伴随着词汇的创新与发展。新文化运动时期，一些知识分子在引进西方先进思想和文化时，结合中国实际进行了创造性的转化和创新，形成了具有中国特色的新词新义。这些新词新义不仅丰富了汉语词汇系统，还推动了汉语词汇的创新与发展。

新词新义的产生，往往与时代的变迁和社会的发展密切相关。新文化运动时期产生的新词新义，大多反映了当时社会变革和思想解放的时代特征，具有鲜明的时代性和生命力。这些新词新义不仅在当时得到了广泛的使用和传播，还对后来的汉语词汇系统产生了深远的影响。

（四）新词新义对汉语词汇系统的影响与意义

新词新义的产生和传播，推动了汉语词汇系统的现代化。新文化运动时期引入的大量新词新义，如"民主""科学""自由"等，都是现代社会的核心价值观和理念。这些词汇的引入和传播，使得汉语词汇系统更加符合现代社会的需求和发展趋势。新词新义的产生和传播，还促进了汉语词汇系统的国际化。新文化运动时期，大量西方先进思想和文化被引入中国，随之产生了一批外来词和译借词。这些词汇的引入，不仅丰富了汉语词汇系统，还促进了中西文化的交流与融合，使得汉语词汇系统更加具有国际化和开放性的特点。

新词新义的产生和传播，增强了汉语词汇系统的表达力和创造力。新词新义往往具有新颖、生动、形象的特点，能够更好地表达人们的思想和感情。同时，新词新义的产生也激发了人们的创造力和想象力，推动了汉语词汇系统的不断创新和发展。

第四节　近现代科技词汇的引入

一、近现代科技发展的背景与特点

近现代科技发展的历程是一段波澜壮阔的历史，它不仅深刻地改变了人类社会的面貌，还推动了全球经济的繁荣、文化的交流，以及人类生活方式的变革。

（一）近现代科技发展的背景

近现代科技发展的首要背景是资本主义生产方式的产生和生产力的发展。随着工业革命的爆发，机器生产逐渐取代了手工劳动，极大地提高了生产效率。这种生产力的飞跃，不仅满足了社会对物质财富的迫切需求，也为科技创新提供了强有力的物质保障。资本主义生产方式的形成，使得科学技术成为了推动生产力发展的重要力量，科技创新成为了资本主义国家竞争的核心要素。资产阶级革命运动的蓬勃发展，为近现代科技发展提供了政治保障。随着封建制度的逐渐瓦解，资产阶级开始登上历史舞台，他们通过革命手段推翻了封建专制统治，建立了资产阶级民主制度。这种政治制度的变革，为科技创新提供了更加宽松、自由的环境，使得科学家们能够摆脱束缚，大胆地进行科学研究和技术创新。

文艺复兴运动是近现代科技发展的重要思想背景。文艺复兴时期，人文主义思想得到广泛传播，人们开始关注人性，重视人的价值，这种思想解放为近现代科技发展提供了重要的精神动力。科学家们开始摆脱宗教神学的束缚，以理性和实证的态度去探索自然界的奥秘，推动了自然科学的发展。近现代科技发展的另一个重要背景是自然科学自身发展的需要。随着人类对自然界认识的不断深入，自然科学领域出现了许多亟待解决的问题。科学家们为了揭示自然界的本质和规律，不断进行科学实验和技术创新，推动了自然科学的发展。同时，自然科学的发展也为科技创新提供了重要的理论支撑和方法论指导。

（二）近现代科技发展的特点

进入 20 世纪以来，科学技术研究已成为一种专业的社会职业。科学技术活动的独立性显著增强，科学家们能够按照自己的兴趣和研究方向进行深入的研究。同时，随着科技投入的不断增加和科研条件的不断改善，科学技术研究的速度也在不断加快。许多重大的科技成果在短时间内迅速涌现，推动了科技发展的加速性。近现代科技发展的另一个重要特点是研究的广泛性和深刻性。随着科学技术的不断进步和交叉融合，科学技术的研究对象空前广泛，涵盖了物理、化学、生物、医学、工程等多个领域。同时，对研究内容的挖掘也越来越深刻，科学家们能够深入到微观世界和宏观宇宙的深处去探索自然界的奥秘，这种广泛性和深刻性使得科学技术的发展更加全面和深入。

近现代科技发展的另一个显著特点是运行的交叉性和综合性。随着科学技术的不断进步和交叉融合，不同学科领域之间的界限越来越模糊。科学家们开始运用跨学科的方法和手段进行研究和技术创新，推动了科学技术的交叉性和综合性发展。这种交叉性和综合性不仅促进了科学技术的创新和发展，也为解决复杂的社会问题提供了更加全面和有效的解决方案。近现代科技发展的实用性和驱动性也显著增强。随着科学技术的不断进步和应用推广，科学技术对经济社会发展的推动作用越来越明显。许多重大的科技成果迅速转化为现实生产力，推动了产业结构的升级和经济社会的快速发展。同时，科学技术的进步也为解决人类面临的许多重大问题提供了重要的技术支持和解决方案。这种实用性和驱动性使得科学技术的发展更加贴近社会需求和人类福祉。

二、近现代科技词汇的引入与传播

随着近现代科技的迅猛发展，大量的科技词汇被引入并广泛传播，这些词汇不仅丰富了人类的语言体系，也促进了科技知识的交流与普及。

（一）近现代科技词汇引入的背景

自工业革命以来，科技革命不断推动社会进步和生产力的发展。每一次科技革命都伴随着大量新技术的诞生和新知识的积累，这些都需要通过新的词汇来准确描述和交流。例如，第一次工业革命带来了蒸汽机、纺织机等新技术的广泛应用，随之产生了"蒸汽机""纺织厂"等词汇；而第二次工业革命则推动了电力、化学等领域的发展，引入了"发电机""电池""化学反应"等词汇。随着全球化的进程加快，国际的科技交流与合作日益频繁。不同国家和地区的科技人员在共同研究、探讨新技术的过程中，需要统一术语以便有效沟通。因此，大量的科技词汇被引入并传播到世界各地。例如，"互联网""电子邮件"等词汇就是在全球互联网普及的过程中被引入并广泛传播的。

随着科技知识的普及和教育水平的提高，人们对科技词汇的需求也逐渐增加。学校、科研机构、媒体等都在积极推广和使用科技词汇，以提高公众的科技素养和科学意识。这种需求推动了科技词汇的引入与传播。

（二）近现代科技词汇的引入方式

对于许多国际通用的科技词汇，人们往往采取直接翻译或借用的方式引入。例如，"computer"（计算机）、"internet"（互联网）、"gene"（基因）等词汇都是直接从英文翻译而来；而"激光""纳米"等词汇则是直接借用了外文词汇的发音或形态。这种方式简单直接，易于理解和接受。复合构词和派生构词是汉语中常用的构词方式，也广泛应用于科技词汇的引入中。复合构词是指将两个或多个词汇组合成一个新词汇的过程，如"人工智能""虚拟现实"等；而派生构词则是通过在词根或词缀上添加新的成分来构成新词汇的过程，如"自动化""信息化"等。这些方式能够创造出既符合汉语习惯又具有明确科技含义的新词汇。

随着科技的发展，一些原有词汇被赋予了新的科技含义。例如，"菜单"原本指餐厅中供顾客选择的食品清单，但在计算机技术中则被用来指代软件界面上的选项列表；"空间"原本指物质存在的一种客观形式，但在航空航天领域中则用来指代宇宙空间或飞行器内部的空间结构。这种方式充分利用了现有词汇的潜力，丰富了语言的表现力。

（三）近现代科技词汇的传播途径

学术研究与出版物是科技词汇传播的主要途径之一。科学家们在研究过程中会不断创造和使用新的科技词汇来描述和交流研究成果；而学术期刊、专著等出版物则成为这些词汇传播的重要载体。通过学术研究与出版物的广泛传播，科技词汇得以在学术界内迅速普及并影响到更广泛的社会领域。教育与培训也是科技词汇传播的重要途径。学校、培训机构等通过开设相关课程、编写教材等方式将科技词汇引入教学内容中，使学生们在学习过程中掌握这些词汇的用法和意义。同时，各种科技培训和讲座也为科技词汇的传播提供了重要平台。

随着媒体的普及和发展，科技词汇的传播渠道也日益多样化。电视、广播、报纸、网络等媒体通过报道科技新闻、介绍科技成果等方式将科技词汇引入公众视野中，使更多人了解并掌握这些词汇的用法和意义。媒体宣传与普及不仅提高了公众的科技素养和科学意识，也促进了科技知识的交流与传播。

（四）近现代科技词汇引入与传播的影响

近现代科技词汇的引入与传播极大地丰富了人类的语言体系。这些词汇不仅为科技领域提供了准确、简洁的表达方式，也为其他领域提供了借鉴和参考。通过引入和传播科技词汇，人类的语言体系变得更加完善和多样。科技词汇的引入与传播还促进了科技知识的交流与普及。统一术语的使用使得不同国家和地区的科技人员能够进行有效沟通与合作；而科技词汇的广泛传播则使得更多人了解并掌握科技知识，提高了公众的科技素养和科学意识。这种交流与普及不仅推动了科技进步和社会发展，也促进了人类文明的进步和繁荣。

近现代科技词汇的引入与传播还对社会文化和思维方式产生了深远影响。随着科技知识的普及和科技词汇的广泛应用，人们开始更加关注科技对社会生活的影响和作用；同时，科技词汇所蕴含的精确性、逻辑性等特点也影响了人们的思维方式和表达习惯。这种影响不仅体现在科技领域内部，也渗透到社会生活的各个方面。

三、科技词汇对汉语词汇系统的影响与贡献

在近现代科技迅猛发展的背景下，大量科技词汇被引入汉语词汇系统，不仅丰富了汉语的表达方式，也对整个语言体系产生了深远的影响。科技词汇作为时代进步的产物，其引入与传播不仅反映了科技发展的轨迹，也促进了汉语词汇系统的更新与扩展。

（一）科技词汇对汉语词汇系统的影响

科技词汇的引入极大地扩展了汉语词汇的范围。随着科技的进步，新的科学概念、技术成果层出不穷，这些都需要通过相应的词汇来表达。科技词汇的引入，使得汉语词汇系统能够更加准确地描述现代科技领域的各种现象和事物，满足人们日益增长的信息交流需求。例如，"互联网""人工智能"

"基因编辑"等科技词汇的引入，使得汉语词汇系统能够更加全面地反映现代科技发展的成果。科技词汇的引入还促进了汉语词汇的创新。在引入科技词汇的过程中，汉语通过直接翻译、借用、派生构词等多种方式，创造出了大量符合汉语表达习惯的新词汇。这些新词汇不仅丰富了汉语词汇的数量，也促进了汉语词汇的创新与发展。例如，"云计算""物联网"等词汇通过直接翻译引入汉语词汇系统，而"网红""直播带货"等词汇则是在科技词汇的基础上通过派生构词等方式创新而来。

科技词汇的引入还改变了汉语词汇的使用方式。随着科技的普及和应用，越来越多的科技词汇开始进入日常生活领域，成为人们日常交流的一部分。这些科技词汇的使用，不仅丰富了人们的语言表达方式，也改变了人们对某些事物的认知和理解。例如，"充电"一词原本仅指给电池补充电能，但在科技词汇的影响下，现在也被用来比喻通过学习新知识、新技能来提升自己；"网红"一词最初指的是在网络上走红的人，现在则泛指通过各种网络平台获得关注和影响力的个体或群休。

（二）科技词汇对汉语词汇系统的贡献

科技词汇的引入推动了汉语词汇的国际化进程。随着全球化的深入发展，国际的科技交流与合作日益频繁，科技词汇的国际化趋势也日益明显。大量国际通用的科技词汇被引入汉语词汇系统，不仅丰富了汉语的表达方式，也促进了汉语与其他语言的交流与融合。这些国际通用的科技词汇在汉语词汇系统中的应用，使得汉语能够更加准确地描述和交流现代科技领域的各种现象和事物，提高了汉语的国际影响力和竞争力。科技词汇的引入还丰富了汉语的表达力。科技词汇作为现代科技领域的专业用语，具有精确、简洁、富有表现力的特点。这些特点使得科技词汇在汉语词汇系统中的应用能够更加准确地描述现代科技领域的各种现象和事物，同时也为汉语的表达方式注入了新的活力。例如，"大数据""云计算"等科技词汇的引入，使得汉语能够更加简洁明了地表达复杂的数据处理和信息存储过程；"人工智能""机器学习"等词汇则使得汉语能够更加生动地描绘出人工智能技术的智能特性和应用场景。

科技词汇的引入还促进了汉语词汇系统的更新与发展。随着科技的进步和社会的发展，新的科学概念、技术成果不断涌现，这些都需要通过相应的词汇来表达。科技词汇的引入使得汉语词汇系统能够及时吸收这些新词汇，保持与时代同步更新。同时，科技词汇的引入也推动了汉语词汇系统的规范化和标准化进程。通过制定科技词汇的规范和标准，可以使得汉语词汇在表达现代科技领域的各种现象和事物时更加准确、规范、统一。

（三）科技词汇引入与传播的挑战与对策

尽管科技词汇对汉语词汇系统产生了深远的影响与贡献，但其引入与传播也面临着一些挑战。例如，部分新词汇的含义不够明确，容易造成理解上的困难；一些旧词汇的语义变化可能导致语言使用的混乱；外来词汇的大量涌入可能对汉语的纯洁性产生一定的影响。加强对语言规范的重视和引导是应对科技词汇引入与传播挑战的重要措施之一。通过制定科技词汇的规范和标准，可以使得汉语词汇在表达现代科技领域的各种现象和事物时更加准确、规范、统一。同时，应加强对语言使用的监督和引导，避免出现随意创造和使用不规范的词汇现象。

提高公众语言素养也是应对科技词汇引入与传播挑战的重要措施之一。通过加强汉语基础知识的学习和推广普及科技词汇知识，可以提高公众对汉语词汇系统的理解和运用能力。同时，鼓励公众积极参与语言实践活动，提高语言表达能力和交流水平。促进文化交流与融合也是应对科技词汇引入与传播挑战的重要措施之一。通过加强国际的科技交流与合作，促进不同文化之间的交流与融合，可以使得汉语词汇系统更加开放、包容、多元。同时，借鉴其他语言的优秀表达方式和经验做法，也可以为汉语词汇系统的发展注入新的动力和活力。

四、科技词汇在语言表达中的功能与作用

在科技日新月异的今天，科技词汇作为专业领域内信息传递与交流的重要工具，其在语言表达中的功能与作用日益凸显。科技词汇不仅承载着精确的科学概念，还促进了知识的普及、国际交流及语言本身的丰富与发展。

科技词汇最基本的功能是定义与描述。科学研究的深入和技术的不断进步催生了大量新概念、新发现和新成果，这些都需要通过特定的词汇来准确表达。科技词汇以其精确性、专业性和针对性，为科学家、工程师及技术人员提供了统一的语言基础，使得复杂的技术细节和深奥的科学原理得以清晰、准确地传递。例如，"量子纠缠""基因编辑"等词汇，不仅定义了特定的科学现象，还为其后续的研究、讨论和应用提供了基础。科技词汇在促进专业交流方面发挥着不可替代的作用。在科技领域，不同专业、不同学科之间的交叉融合日益频繁，而科技词汇作为专业语言的基石，为这种跨学科的交流提供了可能。通过共同的语言基础，不同领域的专家能够围绕同一主题进行深入探讨，共享研究成果，推动科技进步。同时，科技词汇的使用也促进了国际的科技交流与合作，使得全球范围内的科技工作者能够跨越语言障碍，共同推动人类文明的进步。

科技词汇的使用极大地增强了语言表达的准确性。在日常语言中，许多词汇的含义可能相对模糊或具有多重解读，但在科技领域，每一个词汇都承载着精确的科学含义，其使用必须严格遵循专业规范。这种准确性不仅有助于避免误解和歧义，还有助于确保科学研究的严谨性和可重复性。例如，"电阻"一词在电子学中具有明确的定义和计算公式，其使用必须严格遵循相关规范，以确保实验结果的准确性和可靠性。科技词汇的引入与传播推动了语言本身的发展。随着科技的进步，大量新概念、新发现和新成果不断涌现，这些都需要通过新的词汇来表达。科技词汇的引入不仅丰富了语言的词汇量，还促进了语言结构的演变和发展。例如，随着网络技术的普及，"互联网""云计算"等词汇已成为现代汉语中的常用词，其使用方式和搭配习惯也逐渐

固定下来，成为语言发展的一部分。此外，科技词汇的引入还促进了语言的国际化进程，使得不同语言之间的交流与融合成为可能。

科技词汇在知识普及方面发挥着重要作用。科技知识的普及需要借助简洁明了、易于理解的语言表达，科技词汇以其精确性、专业性和针对性，为科技知识的普及提供了有力支持。通过科技词汇的使用，复杂的技术细节和深奥的科学原理得以简化表达，使得普通公众也能够轻松理解和掌握相关知识。例如，"人工智能""虚拟现实"等词汇的普及，使得公众对前沿科技有了更直观、更深入的了解，从而激发了公众对科技的兴趣和热情。值得注意的是，科技词汇还具有隐喻与象征功能。在科技语篇中，隐喻作为一种重要的修辞手段，不仅有助于生动形象地表达抽象的科学概念，还有助于增强语言的表现力和感染力。科技词汇作为专业领域的核心词汇，其隐喻与象征功能尤为突出。例如，"黑洞"一词在物理学中指的是一种密度极大、引力极强的天体，但在科技隐喻中，它常被用来象征无法摆脱的困境或深不可测的秘密；而"量子跃迁"则常被用来比喻事物在瞬间发生的巨大变化或飞跃。

第六章　汉语词汇与文学创作

第一节　词汇在文学创作中的作用

一、词汇是文学创作的基础与工具

词汇作为语言的基本构成单位，是文学创作中不可或缺的基础与工具。它不仅承载着语言的实际意义，还蕴含着丰富的文化内涵和审美价值。在文学创作中，词汇的选择、运用和创新，直接影响着作品的思想深度、艺术效果和审美体验。

（一）词汇在文学创作中的基础地位

文学创作是通过语言来塑造形象、表达情感和传达思想的。而词汇作为语言的基本单位，是文学表达不可或缺的基石。无论是描绘景物、刻画人物，还是抒发情感、阐述哲理，都需要借助词汇来构建语言大厦。没有丰富的词汇储备，文学创作就如同无源之水、无本之木，难以展现出独特的艺术魅力。

词汇不仅是语言的符号，更是文化的载体。每个词汇都蕴含着特定的文化内涵和历史背景。在文学创作中，词汇的选择和运用往往能够反映出作者的文化素养和审美取向。通过巧妙的词汇搭配和意象构建，作者可以引导读者进入特定的文化语境，感受作品所蕴含的文化韵味。文学创作中的形象塑造离不开词汇的支撑。无论是人物形象、景物形象还是意象形象，都需要通过词汇来描绘和刻画。词汇的精准选择和巧妙运用，能够使文学形象更加鲜明、生动，从而增强作品的艺术感染力和审美效果。

（二）词汇与文学风格的关系

不同的文学风格往往有着独特的词汇选择倾向。例如，古典文学作品中多使用典雅、含蓄的词汇，而现代文学作品则更倾向于使用直白、口语化的词汇。词汇的选择和运用，不仅影响着作品的语言风格，还体现了作者的艺术追求和审美倾向。

词汇的搭配和组合方式对文学语言的节奏和韵律有着重要影响。通过巧妙的词汇搭配，作者可以创造出独特的语言节奏和韵律感，使作品更加富有音乐性和韵律美。这种节奏和韵律的把握，是文学创作中不可或缺的艺术手段。随着时代的变迁和文化的演进，词汇也在不断发展和创新。新的词汇和表达方式的出现，为文学创作提供了更多的可能性。作者通过运用新词汇和创新的表达方式，可以推动文学风格的发展和变革，使文学作品更加贴近时代和读者的需求。

（三）词汇创新与文学创作的发展

文学创作需要不断创新和突破，而词汇创新是其中的重要动力。作者通过创造新的词汇和表达方式，可以拓展文学的表现力和审美空间，使作品更加富有新意和创造力。词汇创新不仅丰富了文学的语言资源，还推动了文学艺术的不断发展和进步。词汇是社会文化的镜像，它的创新和发展往往反映着社会的变迁和文化的演进。在新的社会背景和文化语境下，作者通过创造新的词汇和表达方式，可以反映社会的现实问题和人们的思想情感。这种反映社会变迁的词汇创新，不仅丰富了文学的内涵和意蕴，还增强了作品的时代感和现实意义。

词汇创新是推动文学流派形成的重要因素之一。不同的文学流派往往有着独特的词汇选择和运用方式。通过创新的词汇和表达方式，作者可以形成独特的文学风格和审美倾向，从而吸引和聚集具有相似艺术追求的读者群体。词汇创新在文学流派的形成和发展中发挥着重要作用。

（四）词汇教学对文学创作的影响

词汇教学是文学创作的基础教育。通过系统的词汇教学，作者可以掌握更多的词汇知识和运用技巧，提升自己的词汇储备量。丰富的词汇储备是文学创作的重要支撑，它能够使作者更加自如地运用语言进行创作，提高作品的艺术水平和审美效果。词汇教学不仅注重词汇的积累，还强调词汇的运用能力。通过词汇教学，作者可以学会如何精准地选择词汇、巧妙地搭配词汇及创新地运用词汇。这种词汇运用能力的培养，对于提高作者的语言表达能力和文学创作水平具有重要意义。

词汇教学还可以激发作者的创作灵感。通过学习不同的词汇和表达方式，作者可以拓宽自己的思维视野和审美空间，发现新的创作角度和表现手法。词汇教学为作者提供了丰富的语言资源和创作灵感，有助于推动文学创作的不断发展和创新。

二、词汇在塑造文学形象中的作用

词汇作为语言的基石，是文学创作中塑造文学形象的灵魂。在文学的广阔天地里，词汇不仅是信息的载体，更是情感、意象与思想的编织者。它通过独特的组合与排列，构建出一个个鲜活、多维的文学形象，引领读者穿越时空，感受作者的内心世界与外在世界的交融。

（一）词汇的丰富性：构建多元文学世界

词汇的丰富性是文学创作中塑造文学形象的基础。一种语言所拥有的词汇数量与质量，直接决定了其文学表达的广度与深度。丰富的词汇库为作者提供了广阔的选择空间，使他们能够精准地捕捉事物的本质特征，细腻地描绘人物的情感变化，以及生动地再现自然与社会景象。在塑造人物形象时，丰富的词汇使得作者能够全方位地展现人物的性格、外貌、心理及行为方式。从人物的言谈举止到内心世界，每一个细节都可以通过恰当的词汇得到充分的展现。这种细腻的刻画，使得人物形象跃然纸上，成为读者心中鲜活的存在。

在描绘自然景物时，词汇的丰富性同样发挥着重要作用。不同的词汇可以描绘出景物的色彩、形状、质感及动态变化，使读者仿佛置身于作者所描绘的场景之中。这种身临其境的感受，增强了文学作品的真实感与感染力。

（二）词汇的象征性：深化文学形象内涵

词汇不仅具有字面意义，还常常蕴含着象征意义。在文学创作中，作者通过选用具有象征意义的词汇，可以深化文学形象的内涵，使作品具有更加丰富的意蕴与层次。象征性词汇的运用，使得文学形象超越了表面的描述，而成为一种思想的载体。它引导读者在解读文本的过程中，挖掘隐藏在文字背后的深层含义，从而实现对作品更深层次的理解与感悟。这种象征性的表达方式，不仅增强了文学作品的艺术魅力，还提升了其思想价值。例如，在某些文学作品中，作者可能会选用"黑暗"这一词汇来象征邪恶、压迫或绝望。通过这一象征性词汇的运用，作者不仅描绘了黑暗的物理状态，还传达了黑暗所代表的精神状态与情感体验。这种象征性的表达方式，使得文学作品在塑造文学形象的同时，也传达了深刻的思想与情感。

（三）词汇的情感表达：激发读者共鸣

词汇是情感的载体，在文学创作中，作者通过选用蕴含情感的词汇，可以激发读者的情感共鸣，使作品产生强烈的感染力。情感性词汇的运用，使得文学形象更加鲜活、生动。它不仅能够传达出人物内心的喜怒哀乐，还能够营造出特定的情感氛围，使读者在阅读过程中产生强烈的情感体验。这种情感体验的共鸣，是文学作品与读者之间建立情感联系的重要途径。

例如，在描写爱情时，作者可能会选用"温柔""甜蜜""热烈"等词汇来描绘爱情的美好与幸福。这些词汇不仅传达了爱情的情感色彩，还激发了读者对爱情的向往与追求。同样，在描写悲伤时，作者可能会选用"沉痛""哀伤""绝望"等词汇来描绘悲伤的深度与广度。这些词汇不仅传达了悲伤的情感体验，还使读者在阅读过程中感受到作者内心的痛苦与挣扎。

（四）词汇的创造性：推动文学形象创新

文学创作需要不断地创新与突破。而词汇的创造性正是实现这一目标的重要手段之一。在塑造文学形象时，作者通过创造新的词汇或赋予旧词汇新的含义与用法，可以推动文学形象的创新与发展。创造性词汇的运用，使得文学作品在表达上更加独特与新颖。它不仅能够突破传统的思维方式与表达习惯，还能够为读者带来全新的阅读体验与审美享受。这种创新性的表达方式，是文学作品保持活力与吸引力的重要源泉。

例如，在现代主义文学中，作者常常通过创造新的词汇或运用独特的修辞手法来描绘超现实或梦幻般的文学形象。这些创新的词汇与表达方式不仅丰富了文学的语言资源，还拓展了文学的表现力与审美空间。它们使读者在阅读过程中感受到一种前所未有的新奇与震撼，从而加深对作品的理解与感悟。此外，词汇的创造性还体现在对旧词汇的新颖运用上。作者可以通过改变词汇的搭配方式、语境或语法结构来赋予旧词汇新的含义与生命力。这种新颖的运用方式不仅使文学形象更加生动、有趣，还激发了读者的想象力与创造力。它使读者在阅读过程中产生一种参与感与创造感，从而更加深入地投入到作品的欣赏与解读之中。

三、词汇在表达文学情感中的功能

词汇在表达文学情感中的功能是一个复杂而多维的话题，它涉及语言学的深层次探讨及文学创作实践的细腻分析。在文学作品中，词汇不仅是构建情节、描绘场景、塑造人物的基础元素，更是传达作者情感、激发读者共鸣的关键工具。

（一）词汇与情感的基本联系

词汇是语言的基本单位，它承载着意义、情感和文化的多重信息。在文学作品中，词汇的选择和组合方式直接影响着文本的情感色彩和表达效果。一个恰当的词汇能够精准地捕捉并传达人物的情感状态，如喜悦、悲伤、愤怒、恐惧等，从而增强作品的表现力和感染力。

（二）词汇在文学情感表达中的具体功能

文学作品中的情感往往通过人物的内心独白、对话或行为描写来展现。词汇在这里起到了至关重要的作用。例如，通过"泪流满面""心如刀割"等词语，作者可以生动地描绘出人物的悲伤情绪；而"怒不可遏""火冒三丈"等则能形象地表现出人物的愤怒状态。这些词汇不仅准确地传达了情感，还使读者能够感同身受，产生共鸣。除了直接描绘人物情感外，词汇还可以用来渲染整个作品的情感氛围。通过选择具有特定情感色彩的词汇，作者可以营造出一种特定的情绪基调，如忧郁、欢快、紧张、宁静等。这种氛围的营造有助于读者更好地沉浸于作品中，感受作者想要传达的情感。

优秀的文学作品往往具有丰富的情感层次，而词汇的巧妙运用是实现这一目标的关键。通过不同的词汇组合和句式结构，作者可以细腻地刻画出人物情感的微妙变化，使作品更加立体和生动。例如，在描写人物从悲伤到绝望的过程中，作者可能会逐渐使用更加沉重和压抑的词汇，以体现情感的不断深化。在文学作品中，情感的对比往往能够产生强烈的艺术效果。通过选择对比鲜明的词汇，作者可以突出不同人物或同一人物在不同情境下的情感差异，从而增强作品的戏剧性和冲突性。这种对比不仅有助于推动情节的发展，还能使读者更加深刻地理解人物的情感世界。

（三）词汇选择与情感表达的技巧

在文学情感表达中，词汇的精确性和模糊性是一对重要的矛盾。一方面，精确的词汇能够准确地传达作者的情感意图，使读者能够清晰地理解作品的主题和情感；另一方面，适当的模糊性又能为读者留下想象空间，激发他们的情感体验和共鸣。因此，作者需要在精确性和模糊性之间找到恰当的平衡，以实现最佳的情感表达效果。隐喻和象征是文学作品中常见的修辞手法，它们通过词汇的引申义和象征意义来传达深层的情感和主题。通过巧妙地运用这些手法，作者可以使作品更加含蓄而富有韵味，同时也能激发读者的联想和思考。例如，"黑夜中的明灯"可以象征希望和指引，"破碎的镜子"则可以隐喻破碎的梦想或关系。

在文学作品中，词汇的节奏和韵律也是表达情感的重要因素。通过选择不同音节、音调和韵脚的词汇，作者可以创造出不同的语言节奏和韵律感，从而增强作品的音乐性和美感。这种节奏感不仅有助于读者更好地感受作品的情感氛围，还能使他们在阅读过程中产生愉悦的审美体验。

（四）词汇在文学情感表达中的挑战与应对策略

由于文化差异的存在，不同的读者可能对同一词汇产生不同的情感联想和解读。这要求作者在创作过程中充分考虑到目标读者的文化背景和情感认知特点，选择合适的词汇和表达方式，以实现跨文化的情感共鸣。在文学作品中，情感表达的深度和广度往往受到作者语言功底和创作经验的限制。为了克服这一挑战，作者需要不断学习和积累词汇知识，提高自己的语言表达能力和审美素养。同时，他们还需要善于观察和感悟生活，从真实的情感体验中汲取灵感，使作品更加贴近读者的心灵。在文学情感表达中，真实性和艺术性是两个重要的追求目标。一方面，作者需要真实地反映人物的情感状态和内心世界，使读者能够产生共鸣；另一方面，他们还需要通过艺术化的手法对情感进行提炼和升华，使作品具有更高的审美价值。为了实现这一平衡，作者需要在创作过程中不断摸索和实践，找到适合自己的表达方式。

四、词汇在构建文学风格中的地位

文学作为人类智慧的结晶和情感的载体，其风格的多样性和丰富性在很大程度上依赖于词汇的巧妙运用。词汇不仅是文学创作的基本单位，更是构建文学风格、塑造作品个性的基石。

（一）词汇与文学风格的基本概念

文学风格是指文学作品在思想内容、艺术形式等方面所表现出的独特风貌和格调，它涉及作品的语言特点、叙述方式、情感色彩、主题思想等多个方面。而词汇作为语言的基本构成元素，是文学风格得以体现的重要载体。不同的词汇选择、搭配和排列方式，能够形成不同的语言风格，进而塑造出独特的文学风格。

（二）词汇在构建文学风格中的具体作用

词汇的选择和运用，直接决定了作品的语言风格。例如，使用古朴典雅的词汇，可以营造出一种庄重、深沉的氛围，使作品呈现出古典美的风格；而选用现代、流行的词汇，则可能使作品显得轻松、活泼，具有时代感。此外，词汇的精炼与繁复、平实与华丽等，也都会对作品的语言风格产生显著影响。词汇不仅具有字面意义，还蕴含着丰富的情感色彩。通过巧妙地运用词汇，作者可以准确地传达自己的情感倾向，使读者在阅读过程中感受到作品的情感波动。例如，使用温暖、柔和的词汇，可以表达出作者对人物的关爱和同情；而选用冷峻、犀利的词汇，则可能透露出作者对现实的批判和讽刺。

词汇的选择和运用，往往与作品的主题思想紧密相连。作者通过精心挑选的词汇，来强调和突出自己的主题思想，使读者能够更加深刻地理解作品的内涵。例如，在描写社会现实的作品中，作者可能会选用一些具有讽刺意味的词汇，来揭露和批判社会的不公和丑恶；而在表达人生哲理的作品中，则可能更多地运用寓意深刻的词汇，来引导读者思考人生的意义和价值。词汇的运用还能够帮助作者营造出一种独特的氛围，使读者仿佛置身于作品所描绘的世界中。例如，在描写自然景观的作品中，作者可能会选用一些描绘色彩、声音、气味的词汇，来还原大自然的美丽和神秘；而在描写人物心理的作品中，则可能更多地运用内心独白、梦境描绘等手法，来展现人物的内心世界和情感变化。

（三）词汇与文学风格的相互关系

没有词汇，就没有文学。词汇是文学创作的基本材料，也是构建文学风格的基础。不同的词汇选择和运用方式，会形成不同的语言风格和表达效果，进而塑造出独特的文学风格。因此，词汇在文学创作中具有举足轻重的地位。同时，文学风格也会对词汇的选择和运用产生影响。不同的文学风格需要不同的词汇来支撑和体现。例如，古典文学风格往往要求使用古朴典雅的词汇和句式；而现代文学风格则更注重词汇的创新和多样性。因此，作者在创作过程中，需要根据自己的文学风格和主题思想来选择合适的词汇。

词汇与文学风格之间存在着密切的相互作用关系：一方面，词汇的选择和运用决定了文学风格的形成和展现；另一方面，文学风格又反过来影响词汇的选择和运用。这种相互作用使得文学作品在风格上呈现出多样性和丰富性，为读者提供了不同的阅读体验和审美享受。

第二节　诗词中的意象词汇分析

一、意象词汇在诗词中的定义与特点

诗词作为中国古代文学的瑰宝，以其精炼的语言、深远的意境和丰富的情感表达，承载着中华民族的文化精髓。在意象丰富的诗词世界中，意象词汇扮演着至关重要的角色。它们不仅是构成诗词的基本元素，更是传递情感、营造意境、展现作者内心世界的重要载体。

（一）意象词汇的定义

意象是中国古代文论中的一个核心概念，指的是熔铸了作者主观感情的客观物象，是内在思想与外在物象的统一体。在诗词中，意象词汇则是指那些具有丰富象征意义、能够引发读者联想和想象的具体名词或名词性短语。它们不仅是客观事物的直接反映，更蕴含了作者深厚的情感色彩和独特的审美体验。

（二）意象词汇的特点

意象词汇的最大特点之一是其含蓄性，诗人往往不直接言说自己的情感或思想，而是通过选择富有象征意义的词汇，让读者在联想和想象中感受到作品的深层意蕴。例如，杜甫的《春望》中"国破山河在，城春草木深"，通过"国破""山河在""草木深"等意象词汇，含蓄地表达了诗人对国家命运的忧虑和对战乱中百姓苦难的同情。意象词汇具有鲜明的形象性。它们能够生动具体地描绘出事物的形态、色彩、声音等特征，使读者仿佛置身于作品所描绘的场景之中。例如，王维的《山居秋暝》中"空山新雨后，天气晚来秋。明月松间照，清泉石上流"，通过"空山""新雨""明月""松间照""清泉石上流"等意象词汇，勾勒出一幅清新明丽的山林秋景图。

意象词汇往往蕴含着作者深厚的情感色彩。诗人通过选择与自己情感状态相契合的词汇，将自己的情感寄托于物象之中，使读者在感知物象的同时，也能感受到作者的情感波动。例如，李清照的《声声慢》中"寻寻觅觅，冷冷清清，凄凄惨惨戚戚"，通过一系列叠词构成的意象词汇，表达了词人内心的孤独、凄凉和绝望。意象词汇还具有较强的象征意义，诗人常常借助某些具有特定象征意义的词汇，来暗示作品的主题或表达某种抽象的思想观念。如屈原的《离骚》中大量使用香草美人等意象词汇，象征着高洁的品质和忠贞的情操。

（三）意象词汇在诗词中的具体运用

意象词汇是营造诗词意境的重要手段，诗人通过巧妙地组合意象词汇，创造出一种超越现实的艺术境界，使读者在阅读过程中产生联想和共鸣。例如，马致远的《天净沙·秋思》中"枯藤老树昏鸦，小桥流水人家，古道西风瘦马"，通过一系列意象词汇的叠加，营造出一幅萧瑟凄凉的秋日黄昏图，表达了游子思乡的深切情感。

意象词汇是抒发诗人情感的重要载体。诗人通过选择与自己情感状态相契合的词汇，将自己的情感寄托于物象之中，使情感表达更加含蓄而深远。例如，李白的《静夜思》中"床前明月光，疑是地上霜。举头望明月，低头思故乡"，通过"明月光""地上霜"等意象词汇，抒发了诗人对故乡的深深思念之情。

意象词汇还常常被诗人用来寄托自己的理想和抱负，诗人通过选择具有象征意义的词汇，将自己的理想追求寓于物象之中，使作品具有更深层次的思想内涵。例如，辛弃疾的《破阵子·为陈同甫赋壮词以寄之》中"醉里挑灯看剑，梦回吹角连营"，通过"挑灯看剑""吹角连营"等意象词汇，寄托了词人渴望收复失地、报效国家的雄心壮志。

（四）意象词汇的文化内涵与审美价值

意象词汇不仅具有独特的艺术魅力，还蕴含着丰富的文化内涵和审美价值。它们不仅是诗人情感表达的工具，更是民族文化精神的体现。通过意象词汇的运用，诗人能够跨越时空的界限，与读者进行心灵的沟通和交流，共同感受人类共同的情感体验和审美追求。

同时，意象词汇的运用也是诗人艺术创造力和审美能力的体现。诗人通过对意象词汇的精心选择和巧妙组合，创造出具有独特风格和魅力的诗词作品，为后世留下了宝贵的文化遗产。这些作品不仅具有高度的艺术价值，还蕴含着丰富的历史信息和文化意蕴，为我们了解古代社会、感受民族文化提供了重要的窗口。

二、意象词汇在诗词中的运用与效果

诗词作为中国古代文学的璀璨明珠，以其精炼的语言、深远的意境和丰富的情感表达，成为了中华民族文化的重要组成部分。在意象丰富的诗词世界中，意象词汇的运用不仅是构建诗词意境、传达诗人情感的关键，也是展现诗词艺术魅力和文化内涵的重要手段。

（一）意象词汇在诗词中的运用方式

意象词汇的选择是诗人情感表达的第一步。诗人往往从自然界和社会生活中精心挑选出具有象征意义的物象，如山川草木、花鸟鱼虫、风雨雷电等，通过赋予这些物象以特定的情感色彩，使之成为寄托诗人情思的载体。例如，杜甫的《春望》中，"国破山河在，城春草木深"两句，以"山河""草木"为意象词汇，寓含了诗人对国家衰败的沉痛感慨和对战乱中人民苦难的深切同情。

单个意象词汇的运用虽能表达一定的情感，但多个意象词汇的叠加组合，则能营造出更加丰富和深远的意境。诗人通过巧妙地安排意象词汇的顺序、数量、关系等，使它们相互映衬、相互补充，共同构成一幅幅生动形象的画面。例如，马致远的《天净沙·秋思》中，通过"枯藤""老树""昏鸦""小桥""流水""人家"等意象词汇的叠加组合，营造出一幅萧瑟凄凉的秋日黄昏图，表达了游子思乡的深切情感。意象词汇在诗词中还常常用来进行比喻和象征，以深化作品的主题思想。诗人通过选择具有相似特征或内在联系的意象词汇，将抽象的思想观念具体化、形象化，使读者在联想和想象中理解作品的深层意蕴。例如，李煜的《虞美人》中，"问君能有几多愁，恰似一江春水向东流"两句，以"一江春水"比喻无尽的愁绪，生动形象地表达了词人对故国的深深怀念和对人生无常的无奈感慨。

（二）意象词汇在诗词中达成的效果

意象词汇的运用使诗词具有强烈的情感感染力。诗人通过意象词汇的描绘和组合，将自己的情感寄托于物象之中，使读者在感知物象的同时，也能感受到诗人的情感波动。这种情感共鸣使读者与诗人之间产生了心灵的相通，使诗词成为沟通人与人之间情感的桥梁。例如，王维的《九月九日忆山东兄弟》中，"独在异乡为异客，每逢佳节倍思亲"两句，以"异乡""异客""佳节"等意象词汇表达了诗人对家乡的深深思念和对亲人的无限眷恋，引发了无数游子的共鸣。意象词汇的叠加组合和比喻象征使诗词具有深远的意境和丰富的想象空间。诗人通过巧妙地运用意象词汇，创造出超越现实的艺术境界，使读者在联想和想象中感受到作品的深层意蕴。这种意境的深远和想象的丰富使读者在阅读过程中获得了审美愉悦和心灵启迪。例如，苏轼的《水调歌头》中，"明月几时有？把酒问青天"两句以"明月""青天"等意象词汇开篇，引出了词人对宇宙人生的深沉思考和对美好生活的向往追求，使整首词充满了浪漫主义和理想主义色彩。

意象词汇的运用还使诗词具有独特的风格和艺术魅力。不同的诗人由于生活经历、情感倾向和审美追求的不同，会选择不同的意象词汇和运用方式来表达自己的情感和思想。这种个性化的选择和运用方式使诗词呈现出多样化的风格特点和艺术魅力。如李白的豪放奔放、杜甫的沉郁顿挫、李清照的婉约清丽等，都与他们各自独特的意象词汇运用方式密切相关。

（三）意象词汇运用的深层文化意义

意象词汇的运用不仅是诗人个人情感的表达，也是民族文化精神的传承与积淀。许多意象词汇在长期的文学创作中逐渐固定下来，成为了具有特定文化内涵和象征意义的文学符号。这些符号承载着民族的历史记忆和文化传统，通过诗词的传播和接受得以延续和发展。例如，"松柏"象征坚贞不屈、"梅花"象征高洁傲岸、"明月"象征思乡怀人等，这些意象词汇在诗词中的运用不仅丰富了作品的表现力，也加深了读者对民族文化精神的理解和认同。

意象词汇的运用还提升了读者的审美体验和文学素养。读者在欣赏诗词的过程中，通过对意象词汇的感知、联想和想象，不仅能够感受到诗人的情感波动和作品的艺术魅力，还能够提升自己的审美能力和文学鉴赏水平。同时，意象词汇的运用也激发了读者的创造力和想象力，使他们在阅读过程中获得了一种超越现实的审美愉悦和心灵启迪。

三、意象词汇与诗词意境的营造

诗词作为中国古代文学的瑰宝，以其独特的艺术形式和深厚的文化内涵，承载着中华民族的情感与智慧。在诗词的创作中，意象词汇的运用是营造意境、传达情感的关键。

（一）意象词汇与诗词意境的基本概念

意象词汇指的是诗词中那些具有象征意义、能够引发读者联想和想象的具体名词或名词性短语。它们是诗人情感与客观物象的结合体，通过精炼的语言，将诗人的主观情感寄托于客观物象之中，形成独特的艺术形象。

诗词意境是指诗词作品中所呈现出的艺术境界和氛围，它是诗人通过语言艺术所创造的一种超越现实的艺术空间，使读者在阅读过程中能够感受到一种身临其境的审美体验。意境的营造是诗词创作的重要目标之一，它能够使诗词作品更加生动、形象，富有感染力。

（二）意象词汇在诗词意境营造中的作用

意象词汇的运用能够构建出生动的画面，形成视觉意象。诗人通过选择具有鲜明形象和色彩的词汇，将客观物象描绘得栩栩如生，使读者仿佛置身于诗词所描绘的场景之中。

意象词汇不仅能够构建画面，还能够抒发诗人的情感，形成情感意象。诗人通过选择与自己情感状态相契合的词汇，将自己的情感寄托于物象之中，使物象成为情感的载体。读者在阅读过程中，通过感知物象，能够感受到诗人的情感波动，与诗人产生情感共鸣。例如，李清照的《声声慢》中，"寻寻觅觅，冷冷清清，凄凄惨惨戚戚"，通过一系列叠词构成的意象词汇，抒发了词人内心的孤独、凄凉和绝望，使读者能够深刻感受到词人的情感世界。意象词汇还常常被用来暗示诗词的主题，形成象征意象。诗人通过选择具有特定象征意义的词汇，将自己的思想观念和主题意图寓于物象之中，使物象成为主题的象征。读者在阅读过程中，通过解读意象词汇的象征意义，能够理解诗词的主题思想，领略诗人的艺术匠心。例如，屈原的《离骚》中大量使用香草美人等意象词汇，象征着高洁的品质和忠贞的情操，暗示了诗人对美好品质的追求和对现实社会的批判。

（三）意象词汇营造诗词意境的方式

诗人常常通过叠加组合意象词汇的方式，形成复合意象，以丰富诗词的意境。他们巧妙地将多个意象词汇组合在一起，使它们相互映衬、相互补充，共同构成一幅幅生动形象的画面。这种叠加组合的方式不仅能够增强诗词的表现力，还能够使读者在阅读过程中产生更多的联想和想象。

对比反衬是营造诗词意境的常用手法之一，诗人通过选择具有对比关系的意象词汇，将它们进行对比或反衬，以突出意境的特点。这种对比反衬的方式能够使诗词的意境更加鲜明、生动，给读者留下深刻的印象。虚实结合是诗词创作中的重要手法之一，诗人通过运用意象词汇的虚实结合，将现实与想象、具体与抽象相结合，以拓展诗词的意境空间。他们常常以实写虚、以虚衬实，使诗词的意境既具有现实感又具有超越性，给读者带来更加广阔的审美体验。

（四）意象词汇营造诗词意境的艺术效果和文化价值

意象词汇的运用使诗词具有独特的艺术效果，它们通过构建画面、抒发情感、暗示主题等方式，营造出一种超越现实的艺术境界，使读者在阅读过程中获得一种身临其境的审美体验。这种艺术效果不仅增强了诗词的表现力和感染力，还使读者对诗词产生更深的共鸣。

意象词汇的运用还使诗词具有丰富的文化价值，它们是民族文化精神的体现，承载着民族的历史记忆和文化传统。通过意象词汇的运用，诗人能够将自己的情感与思想融入民族文化之中，使诗词成为传承和弘扬民族文化的重要载体。同时，意象词汇的运用也激发了读者的创造力和想象力，使他们在阅读过程中获得了一种超越现实的审美愉悦和心灵启迪。

第三节　小说中的个性化词汇塑造

一、个性化词汇在小说中的定义与特点

小说作为文学的一种重要形式，以其丰富的故事情节、鲜明的人物形象和深邃的思想内涵，深受读者喜爱。在小说创作中，语言是最基本的表达工具，而个性化词汇的运用则是提升小说艺术魅力的重要手段之一。

（一）个性化词汇的定义

个性化词汇是指那些能够体现作者独特语言风格、反映人物鲜明个性特

征或营造特定文学氛围的词汇。这些词汇往往超越了常规的语言使用习惯，具有鲜明的创新性、表现力和感染力。在小说中，个性化词汇的运用不仅丰富了小说的语言层次，还增强了小说的艺术效果，使读者在阅读过程中能够深刻感受到作者的情感态度和思想倾向。

（二）个性化词汇的特点

个性化词汇的首要特点是其不可替代性。在小说中，一个精心挑选的个性化词汇往往能够精准地传达作者想要表达的情感、态度或思想，而其他任何词汇都难以达到同样的效果。这种不可替代性使得个性化词汇成为小说中独一无二的语言标志，增强了小说的独特性和辨识度。

个性化词汇往往具有创新性。作者通过打破常规的语言使用习惯，创造出新颖、独特的词汇组合或表达方式，使小说语言充满活力和新意。这种创新性不仅体现了作者的语言才华和创造力，还激发了读者的阅读兴趣和想象力，使小说更具吸引力。个性化词汇具有强大的表现力。它们能够生动形象地描绘出人物的性格特征、心理状态和场景氛围，使读者在阅读过程中能够产生强烈的视觉、听觉或情感共鸣。通过个性化词汇的运用，作者能够将抽象的思想情感具体化、形象化，使小说更加生动、感人。个性化词汇还能引发读者的情感共鸣。作者通过精心挑选与故事情节、人物性格或情感氛围相契合的词汇，使读者在阅读过程中能够感受到作者的情感态度和思想倾向，进而产生强烈的情感共鸣。这种情感共鸣不仅加深了读者对小说的理解和感受，还增强了小说的艺术感染力和传播力。

（三）个性化词汇在小说中的具体表现

在小说中，个性化词汇常常通过人物语言的形式表现出来。每个角色都有其独特的语言风格和习惯用语，这些个性化的语言不仅能够揭示人物的性格特征和心理状态，还能推动故事情节的发展。例如，在鲁迅的小说中，人物的语言往往简练而富有深意，能够一针见血地揭示社会的黑暗和人性的扭曲；而在汪曾祺的小说中，则常常运用方言、口语词等个性化词汇来塑造人物形象，使人物更加生动、鲜活。

除了人物语言外，叙述语言的个性化也是小说中个性化词汇的重要表现之一。作者通过独特的叙述方式和语言风格来讲述故事、描绘场景和抒发情感，使读者在阅读过程中能够感受到作者的情感态度和思想倾向。例如，莫言的小说语言充满了乡土气息和生命力，他善于运用口语词汇和生动的比喻来描绘农村生活和人物形象；而余华的小说则常常运用简洁明了的语言和深刻的心理描写来揭示人性的复杂和社会的残酷。个性化词汇的运用还常常与修辞手法相结合，形成独特的文学效果。作者通过比喻、拟人、夸张等修辞手法来增强个性化词汇的表现力和感染力，使读者在阅读过程中能够产生强烈的视觉、听觉和情感共鸣。例如，在格非的小说中，他常常通过改变词汇的常规使用方式和创造新奇的表达效果来营造独特的文学氛围；而在张爱玲的小说中，则常常运用细腻的心理描写和独特的比喻来揭示人性的复杂和情感的微妙。

（四）个性化词汇对小说创作的重要意义

个性化词汇的运用能够提升小说的艺术魅力。通过打破常规的语言使用习惯和创新词汇组合方式，作者能够使小说语言更加生动、形象和有感染力。这种个性化的语言风格不仅增强了小说的可读性和吸引力，还使读者在阅读过程中能够产生强烈的审美愉悦感和心灵震撼。

个性化词汇在小说中的运用还能够塑造鲜明的人物形象。通过精心挑选与人物性格、身份、经历等相符合的词汇来塑造人物形象，作者能够使人物更加生动、鲜活和具有立体感。这种个性化的人物语言风格不仅能够揭示人物的性格特征和心理状态，还能推动故事情节的发展并加深读者对人物的理解和感受。个性化词汇的运用还能够传达作者的情感态度和思想倾向。作者通过独特的叙述方式和语言风格来讲述故事、描绘场景和抒发情感，使读者在阅读过程中能够感受到作者的情感态度和思想倾向。这种个性化的语言风格不仅增强了小说的感染力和传播力，还使读者能够更加深入地理解和感受小说的主题思想和艺术魅力。

二、个性化词汇在塑造小说人物中的作用

小说作为文学的重要体裁，其核心在于通过文字构建丰富多彩的人物形象，并通过这些人物展现社会、探讨人性。在塑造小说人物的过程中，个性化词汇的运用起到了举足轻重的作用。个性化词汇，即那些能够凸显人物独特性格、身份背景、情感状态及心理活动的词汇，它们如同画笔，细腻地勾勒出一个个鲜活、立体的人物形象。

（一）个性化词汇与人物性格的塑造

个性化词汇是塑造人物性格的重要手段。每个人物都有其独特的性格特征，如勇敢、懦弱、狡猾、善良等。作者通过选择和使用与人物性格相契合的词汇，能够准确地描绘出人物的性格轮廓。例如，在描述一个勇敢的人物时，作者可能会使用"英勇无畏""挺身而出"等词汇；而在描绘一个懦弱的人物时，则可能选用"畏首畏尾""胆战心惊"等词语。这些个性化词汇的运用，使读者能够迅速抓住人物的性格特点，对人物产生深刻的印象。

人物性格往往具有多面性，即一个人物可能同时拥有多种性格特征，个性化词汇的运用有助于展现这种多面性。作者可以通过选择不同角度的词汇，来揭示人物性格的不同层面。例如，一个看似冷酷无情的人物，在特定情境下可能展现出温柔体贴的一面。作者可以通过使用"冷酷无情"与"温柔体贴"这样对比鲜明的词汇，来展现人物性格的复杂性和多面性。

（二）个性化词汇与人物身份背景的揭示

个性化词汇能够标识人物的身份背景。不同身份的人物，其语言习惯、用词选择往往存在差异。作者通过运用与人物身份相符的个性化词汇，能够准确地揭示人物的社会地位、职业背景等信息。例如，一个农民可能使用朴

实无华的词汇，而一个知识分子则可能运用文雅深邃的词语。这些词汇的运用，使读者能够迅速了解人物的身份背景，为深入理解人物奠定基础。

个性化词汇还能反映人物的生活环境。人物所处的地域、文化、时代等背景因素，都会对其语言习惯产生影响。作者通过选择具有地域特色、文化气息或时代烙印的词汇，能够生动地描绘出人物所处的生活环境。这种描绘不仅增强了小说的真实感，还使读者能够更加深入地理解人物的行为和思想。

（三）个性化词汇与人物情感状态的表达

个性化词汇是抒发人物内心情感的重要工具。小说中的人物往往经历着各种情感波动，如喜悦、悲伤、愤怒、恐惧等。作者通过运用与人物情感状态相符的词汇，能够准确地传达出人物的内心感受。例如，在描述一个悲伤的人物时，作者可能会使用"泪流满面""心如刀割"等词汇；而在描绘一个愤怒的人物时，则可能选用"怒发冲冠""火冒三丈"等词语。这些个性化词汇的运用，使读者能够深切地感受到人物的内心世界。

个性化词汇还能展现人物情感的变化过程。在小说中，人物的情感往往随着故事情节的发展而发生变化。作者通过选择不同情感色彩的词汇，来描绘人物情感的变化轨迹。这种描绘不仅增强了小说的情节张力，还使读者能够更加深入地理解人物的情感世界。

（四）个性化词汇与人物心理活动的描绘

个性化词汇能够揭示人物的心理动机。在小说中，人物的行为往往受其心理动机的驱使。作者通过运用与人物心理动机相符的词汇，能够深入地剖析人物的行为原因。这种剖析不仅增强了小说的逻辑性和合理性，还使读者能够更加准确地把握人物的行为轨迹。

个性化词汇还能描绘人物的心理状态。在小说中，人物的心理状态往往随着故事情节的发展而发生变化。作者通过选择不同心理状态的词汇，来描绘人物心理状态的微妙变化。这种描绘不仅增强了小说的细腻感和真实感，还使读者能够更加深入地理解人物的心理活动。

（五）个性化词汇在塑造小说人物中的艺术效果

个性化词汇的运用能够增强人物形象的立体感。通过选择和使用与人物性格、身份、情感、心理等相符的词汇，作者能够全方位地描绘出人物的形象特征。这种描绘不仅使人物形象更加鲜活、立体，还增强了小说的可读性和吸引力。

个性化词汇的运用还能提升小说的艺术魅力。作者通过巧妙地运用个性化词汇，能够创造出独特的语言风格和叙述方式。这种独特的语言风格和叙述方式不仅增强了小说的艺术性和感染力，还使读者在阅读过程中获得更加丰富的审美体验。

三、个性化词汇在构建小说情节中的功能

小说作为文学领域的瑰宝，其情节构建是吸引读者、传达主题和展现艺术魅力的关键。在情节的推进与转折中，个性化词汇扮演了至关重要的角色。它们不仅丰富了小说的语言层次，还通过独特的表达方式推动了故事的发展，加深了读者对情节的理解和感受。

（一）个性化词汇与情节推进

个性化词汇在描绘场景和营造氛围方面发挥着重要作用。通过精心选择的词汇，作者能够细腻地刻画出故事发生的背景环境，使读者仿佛身临其境。这些词汇不仅描绘了场景的外观，还传达了场景所蕴含的情感和氛围。例如，在描述一个阴森恐怖的夜晚时，作者可能会使用"月黑风高""阴森森"等词汇，从而营造出一种紧张、恐怖的氛围，为后续的情节发展奠定基础。

个性化词汇在刻画人物和推动行动方面同样具有不可忽视的作用。通过

运用与人物性格、身份和情感状态相符的词汇，作者能够生动地描绘出人物的形象特征，并推动人物在情节中的行动。这些词汇不仅揭示了人物的内心世界，还展现了人物在特定情境下的反应和决策。例如，在描述一个勇敢的英雄面对危险时的情景，作者可能会使用"挺身而出""英勇无畏"等词汇，从而凸显出英雄的勇敢和决心，推动故事向高潮发展。个性化词汇还能够设置悬念，激发读者的好奇心。在情节构建中，悬念是吸引读者继续阅读的重要因素。作者通过运用具有神秘感、引人入胜的词汇，能够在读者心中留下疑问和期待，从而推动他们继续探索故事的发展。例如，在描述一个神秘人物或未知事件时，作者可能会使用"神秘莫测""扑朔迷离"等词汇，从而激发读者的好奇心和探究欲。

（二）个性化词汇与情节转折

个性化词汇在预示情节变化和引导转折方面发挥着关键作用。在故事中，情节的转折往往伴随着人物命运、情感、环境等方面的变化。作者通过运用具有预示性的词汇，能够提前向读者透露即将发生的变化，从而引导他们做好心理准备，并期待后续的情节发展。例如，在描述一个即将发生悲剧的情景时，作者可能会使用"阴云密布""不祥之兆"等词汇，从而预示着悲剧的即将来临。

个性化词汇还能够通过突出对比来增强情节转折的效果。在情节构建中，对比是一种常用的修辞手法，它能够凸显出人物、情感、环境等方面的差异和变化。作者通过运用具有对比意义的词汇，能够突出情节转折前后的差异和冲突，从而增强故事的张力和吸引力。例如，在描述一个人物从幸福到悲伤的转变时，作者可能会使用"欢声笑语""泪流满面"等词汇进行对比，从而凸显出人物情感的巨大变化。个性化词汇在深化主题和提升情节意义方面也具有重要意义。小说中的主题往往通过情节的发展来逐步揭示和深化。作者通过运用与主题相关的个性化词汇，能够引导读者深入思考故事所蕴含的意义和价值，从而提升情节的思想深度和艺术价值。例如，在探讨人性善恶的主题时，作者可能会使用"善良纯真""阴险狡诈"等词汇进行对比和描绘，从而引导读者对人性进行深入的思考和探讨。

（三）个性化词汇与情节节奏

个性化词汇在控制情节节奏和调节氛围方面发挥着重要作用。在小说中，情节的节奏和氛围是影响读者阅读体验的重要因素。作者通过运用不同节奏和氛围的词汇，能够控制故事的进展速度，调节读者的情绪和情感。例如，在描述紧张刺激的情节时，作者可能会使用短促有力的词汇和句子，从而加快情节的节奏，使读者感受到紧张的氛围；而在描述温馨感人的情节时，则可能运用柔和细腻的词汇和句子，从而放缓情节的节奏，使读者沉浸在温馨的氛围中。个性化词汇还能够创造情节的高潮，增强故事的吸引力。在小说中，高潮是情节发展的顶点，也是读者最为关注和期待的部分。作者通过运用具有冲击力和感染力的词汇，能够创造出令人震撼的情节高潮，使读者产生强烈的情感共鸣和阅读体验。例如，在描述一场激烈的战斗或感人的重逢时，作者可能会使用"惊心动魄""泪流满面"等词汇来描绘场景和人物的情感状态，从而创造出令人难忘的高潮部分。

（四）个性化词汇与情节创新

个性化词汇在突破常规和创造新意方面具有重要意义。在小说创作中，作者往往需要通过独特的语言和表达方式来吸引读者的注意力，个性化词汇的运用正是实现这一目标的重要手段之一。通过打破常规的语言使用习惯和创新词汇组合方式，作者能够创造出新颖、独特的情节元素和表达方式，从而使故事更加生动有趣、引人入胜。

个性化词汇还能够拓展读者的想象空间，丰富情节的内涵。在小说中，情节的发展往往伴随着人物、场景和事件的不断变化。作者通过运用富有想象力和创意的词汇，能够激发读者的想象力和创造力，使他们能够在脑海中构建出更加丰富多彩的故事世界。这种想象力的拓展不仅增强了故事的吸引力和趣味性，还使读者在阅读过程中获得更加丰富的审美体验。

第四节　散文中的情感词汇运用

一、情感词汇在散文中的定义与分类

散文作为一种表达情感、观点和思想的文学形式，其语言魅力在很大程度上依赖于情感词汇的精准运用。情感词汇作为语言中最富有感染力和表现力的部分，是散文作者传达内心感受、引发读者共鸣的重要工具。

（一）情感词汇的定义

情感词汇是指用来表达人类各种情感的词汇，如喜、怒、哀、乐等。这些词汇在语言中扮演着重要的角色，是人们传递情感、交流感受的主要手段。情感词汇具有主观性、直接性、生动性等特点，能够直接触动人心，引起共鸣。

在散文中，情感词汇的运用尤为关键。散文作者通过精心挑选和组合情感词汇，将个人的情感体验、思想感悟融入文字之中，使读者在阅读过程中能够感受到作者的情感波动和心灵轨迹。因此，情感词汇不仅是散文语言的重要组成部分，更是散文情感表达的核心要素。

（二）情感词汇在散文中的分类

散文中的情感词汇丰富多样，可以按照不同的标准进行分类。

根据情感词汇所表达的情感类型，可以将其分为积极情感词汇和消极情感词汇两大类。积极情感词汇通常表达喜悦、幸福、满足等正面情感，如"欢天喜地""心花怒放"等；而消极情感词汇则表达悲伤、愤怒、失望等负面情感，如"泪流满面""痛不欲生"等。此外，还有一些中性情感词汇，表达平静、淡定等较为平和的情感状态，如"心平气和""泰然处之"等。在散文中，积极情感词汇和消极情感词汇的运用往往交织在一起，形成复杂多变的情感色彩。作者通过巧妙地转换情感词汇，展现出人物内心的细腻变化和情感的起伏波动，使读者在阅读过程中能够深刻感受到情感的张力和魅力。情感词汇还可以根据其所表达的情感强度进行分类。有些情感词汇表达的情感较为强烈，如"狂喜""暴怒"等；而有些则较为温和，如"微笑""淡然"等。散文作者在选择情感词汇时，会根据情节需要、人物性格特征等因素，灵活运用不同强度的情感词汇，以营造出更加真实、生动的情感氛围。情感词汇还具有鲜明的情感色彩，可以分为明亮色彩和暗淡色彩两种。明亮色彩的情感词汇往往表达积极向上、乐观开朗的情感状态，如"阳光明媚""生机勃勃"等；而暗淡色彩的情感词汇则表达低沉压抑、悲观消极的情感状态，如"阴云密布""死气沉沉"等。散文作者通过运用不同色彩的情感词汇，可以塑造出不同的情感氛围和视觉效果，使读者在阅读过程中能够感受到强烈的情感冲击和视觉享受。

除了上述分类方式外，还可以根据散文中常见的具体情感类别对情感词汇进行分类，具体分类如下。

① 忧伤与悲伤：这类情感词汇通常表达失去、悲鸣、忧虑等负面情感，如"悲伤""忧愁""哀伤"等。在散文中，这类词汇的运用能够触动读者的心灵，引发对人生和存在的思考。

② 爱与温情：这类情感词汇表达对生活的热爱和对他人的情感关怀，如"爱""温暖""亲情"等。通过真挚的情感描写，作者能够传达出爱和温情的力量，激发读者对美好事物的向往。

③ 怀旧与回忆：这类情感词汇常常与过去的时光和经历相关，如"怀念""追忆""留恋"等。通过引发读者的共鸣和共感，作者能够唤起对过去的情感记忆，产生深刻的情感体验。

④ 自然与和谐：这类情感词汇表达对自然界的赞美和对人与自然和谐共

存的渴望，如"壮丽""宁静""和谐"等。通过描绘自然之美，作者能够传达出与自然相连的深厚情感。

⑤ 勇气与希望：这类情感词汇展现对困境的勇敢面对和对未来的希望，如"勇敢""坚强""乐观"等。通过表达这些积极的情感词汇，作者能够鼓励读者面对困难时保持勇气和希望。

（三）情感词汇在散文中的作用

散文作为一种表达情感、观点和思想的文学形式，其语言魅力在很大程度上依赖于情感词汇的精准运用。通过选择和使用与人物性格、情感状态相符的情感词汇，作者能够准确地传达出内心的感受和思想感悟，使读者在阅读过程中能够深刻感受到作者的情感波动和心灵轨迹。情感词汇的运用能够增强散文语言的表现力，使语言更加生动、形象、富有感染力。通过运用富有表现力的情感词汇，作者能够描绘出人物内心的细腻变化和情感波动，使读者在阅读过程中能够感受到强烈的情感冲击和视觉享受。

情感词汇还具有营造情感氛围的作用。通过巧妙地运用不同色彩和强度的情感词汇，作者能够营造出不同的情感氛围和视觉效果，使读者在阅读过程中能够沉浸在特定的情感世界中，产生深刻的情感体验。散文中的情感词汇往往与主题意蕴紧密相连。通过运用富有象征意义和内涵丰富的情感词汇，作者能够深化主题意蕴，使作品具有更加深远的思想内涵和艺术价值。这些情感词汇不仅丰富了散文的语言层次和表现手法，还使读者在阅读过程中能够获得更多的思考和启示。

二、情感词汇在表达散文情感中的作用

散文作为文学的一种独特体裁，以其自由灵活的形式、深邃丰富的内涵，成为众多文人墨客抒发情感、表达思想的重要载体。在散文的创作中，情感词汇的运用无疑扮演着举足轻重的角色，它们如同散文的灵魂，赋予文字以生命，使散文的情感表达更加细腻、深刻、动人。

（一）情感词汇是散文情感的直接体现

散文作为一种文学表达形式，其核心在于情感的传达。而情感词汇，作为语言中最直接、最具体的情感表达工具，是散文情感体现的重要手段。在散文中，作者通过精心选择和使用情感词汇，将自己的情感体验、情感波动、情感倾向等直接呈现在读者面前，使读者能够直观地感受到作者的情感世界。

例如，当作者想要表达喜悦之情时，可能会选择"欢欣鼓舞""心花怒放"等情感词汇；当作者想要表达悲伤之情时，可能会选择"泪流满面""心如刀割"等情感词汇。这些情感词汇的运用，不仅使散文的情感表达更加准确、生动，也使读者在阅读过程中能够更加深入地理解作者的情感状态，产生强烈的情感共鸣。

（二）情感词汇丰富散文的情感层次

散文的魅力在于其情感的丰富性和复杂性。一篇优秀的散文，往往蕴含着多层次、多维度的情感体验。而情感词汇的运用，正是实现这一目标的关键。通过巧妙地组合和运用不同的情感词汇，作者可以构建出丰富多样的情感层次，使散文的情感表达更加立体、饱满。

例如，在描述一段复杂的情感经历时，作者可能会交替使用表达喜悦、悲伤、愤怒、失望等不同情感的词汇，以展现自己内心的波动和变化。这种多层次的情感表达，不仅使散文更加真实、生动，也使读者在阅读过程中能够感受到作者情感的细腻和复杂，从而产生更深刻的情感体验。

（三）情感词汇增强散文的感染力

散文的感染力很大程度上取决于其情感表达的强度和深度，而情感词汇的运用，正是增强散文感染力的有效手段。通过选择和使用具有强烈的情感色彩的词汇，作者可以激发读者的情感共鸣，使读者在阅读过程中产生强烈的情感体验和情感反应。

例如，在描述一段感人的故事时，作者可能会使用"催人泪下""感人肺腑"等情感词汇来增强故事的感染力。这些词汇的运用，不仅使散文的情感表达更加强烈、深刻，也使读者在阅读过程中能够更加深入地感受到故事的情感内涵，产生强烈的情感共鸣和情感体验。

（四）情感词汇提升散文的艺术魅力

散文作为一种文学艺术形式，其艺术魅力在于其语言的独特性和表现力。而情感词汇的运用，正是提升散文艺术魅力的关键因素之一。通过巧妙地运用情感词汇，作者可以创造出独特的语言风格和表达方式，使散文更加具有艺术性和审美价值。

例如，一些优秀的散文作品，往往通过运用富有诗意和韵律感的情感词汇，营造出一种优美的语言氛围和意境。这种语言氛围和意境的营造，不仅使散文更加具有艺术感和审美价值，也使读者在阅读过程中能够感受到一种美的享受和心灵的愉悦。

（五）情感词汇在散文中的具体运用

在散文中，情感词汇的运用是多种多样的，作者可以根据不同的情感需求和表达目的，灵活地选择和使用情感词汇。

① 直接抒情：作者直接运用情感词汇来表达自己的情感体验和情感倾向，这种方式直接、明了，能够迅速引起读者的情感共鸣。

② 借景抒情：作者通过描绘景物来间接表达自己的情感，在这种方式中，情感词汇往往与景物描写相结合，使景物成为情感的载体和象征。

③ 寓情于事：作者通过叙述事件来表达自己的情感，在这种方式中，情感词汇往往与事件描写相结合，使事件成为情感的触发点和表现形式。

④ 对比抒情：作者通过对比不同情感状态或不同情境下的情感体验来表达自己的情感，在这种方式中，情感词汇的运用往往具有鲜明的对比性和反差性。

⑤ 象征抒情：作者通过运用象征手法来表达自己的情感，在这种方式中，情感词汇往往与象征物相结合，使象征物成为情感的象征和寓意。

三、情感词汇与散文意境的营造

散文作为文学殿堂中一朵瑰丽的奇葩，以其独特的艺术魅力和深邃的情感内涵吸引着无数读者。在散文的创作中，情感词汇的巧妙运用不仅是表达作者情感的关键，更是营造散文独特意境、引领读者进入艺术世界的重要手段。

（一）情感词汇与散文意境的内在联系

散文意境是指散文作品中所呈现出的那种超越具体物象、富有哲理意蕴和艺术感染力的艺术境界，它是散文艺术的核心，是作者情感、思想和审美追求的集中体现。而情感词汇，则是构成散文意境的基本元素之一。它们通过精准的选择和巧妙的组合，将作者的情感体验、思想感悟转化为具体的语言符号，进而营造出独特的散文意境。

情感词汇与散文意境之间存在着密切的内在联系。一方面，情感词汇是表达作者情感、营造意境的基础。在散文中，作者通过运用情感词汇来抒发自己的喜怒哀乐、悲欢离合，将这些情感体验融入文字之中，使散文作品充满情感色彩和生命力。另一方面，散文意境的营造又离不开情感词汇的支撑。作者通过巧妙地运用情感词汇，可以创造出一种独特的艺术氛围和情境，使读者在阅读过程中能够感受到一种超越现实的、富有哲理意蕴和艺术感染力的艺术境界。

（二）情感词汇在营造散文意境中的独特作用

情感词汇在散文中的首要作用就是抒发作者的情感。作者通过选择和使用与自己情感体验相符的情感词汇，将自己的情感状态准确地传达给读者，从而为散文意境的营造奠定基调。例如，当作者想要表达一种忧伤的情感时，可能会选择"悲伤""忧愁""哀伤"等情感词汇，这些词汇的运用不仅使散文的情感表达更加准确，也为读者营造了一种忧伤的意境氛围。在散文中，情感词汇往往与景物描写相结合，共同营造出一种独特的意境画面。作者通过运用情感词汇来描绘景物的色彩、形态、声音等特征，使景物成为情感的载体和象征，进而营造出一种富有感染力和想象力的意境。例如，在描绘一幅秋日落叶的画面时，作者可能会使用"金黄""萧瑟""飘零"等情感词汇，这些词汇的运用不仅使画面更加生动、形象，也为读者营造了一种秋日萧瑟、时光流逝的意境氛围。

散文的意境往往蕴含着深刻的哲理意蕴和人生思考。作者通过运用情感词汇来寓情于理，将自己的情感体验与人生哲理相结合，使散文的意境更加深远、丰富。例如，在探讨生命的意义和价值时，作者可能会使用"坚韧""顽强""希望"等情感词汇，这些词汇的运用不仅表达了作者对生命的敬畏和热爱，也向读者阐述了一种积极向上、勇于面对困境的人生哲理。在散文中，作者常常通过运用对比映衬的手法来突出意境效果，情感词汇在这种手法中发挥着重要作用。作者通过选择和使用具有对比意义的情感词汇，将不同情感状态或不同情境下的情感体验进行对比，使散文的意境更加鲜明、突出。例如，在描绘一段悲喜交加的经历时，作者可能会交替使用"欢笑""泪水""喜悦""悲伤"等情感词汇，这些词汇的对比运用不仅使散文的情感表达更加复杂、多变，也为读者营造了一种悲喜交织、情感丰富的意境氛围。象征和隐喻是散文中常用的修辞手法，情感词汇在这种修辞手法中同样发挥着重要作用。作者通过运用情感词汇来象征或隐喻某种情感、思想或哲理，使散文的意境更加深邃、广阔。例如，在表达对逝去亲人的思念之情时，作者可能会使用"星空""远方""梦境"等情感词汇来象征或隐喻逝去的亲人和那段无法忘怀的时光，这些词汇的运用不仅使散文的情感表达更加含蓄、深沉，也为读者提供了一个超越现实、富有想象力的意境空间。

（三）情感词汇在营造散文意境中的实践运用

在散文创作中，作者需要注重情感词汇的积累和运用，通过巧妙地组合和运用情感词汇来营造出独特的散文意境。

作者需要根据自己的情感体验和表达需求，精准地选择与之相符的情感词汇。这些词汇应该能够准确地传达作者的情感状态，同时与散文的主题和意境相契合。在选择了合适的情感词汇后，作者需要巧妙地组合这些词汇，使它们之间形成有机的联系和呼应。通过组合运用情感词汇，可以创造出一种独特的语言节奏和韵律感，进而增强散文的意境效果。

在运用情感词汇时，作者还需要注重其修辞效果。通过运用比喻、拟人、排比等修辞手法，可以使情感词汇更加生动、形象，进而增强散文的艺术感染力和意境魅力。在营造散文意境时，作者可以将情感词汇与景物描写和人生哲理相结合，通过描绘景物来抒发情感，通过寓情于理来深化意境内涵，从而使散文的意境更加丰富、多元。情感词汇往往蕴含着丰富的文化内涵和民族特色，在运用情感词汇时，作者需要注重其文化内涵的挖掘和呈现，使散文的意境更加具有民族特色和文化底蕴。

第七章 汉语词汇与信息传播

第一节 词汇在信息传播中的角色

一、词汇是信息传播的基本单位与载体

在人类社会的信息交流与传播过程中，词汇扮演着至关重要的角色。作为语言的基本构成单元，词汇不仅是思想表达的基石，也是文化传承和文明进步的重要载体。

（一）词汇的定义与特性

词汇是语言中能够独立运用的最小单位，它承载着特定的意义，是构成句子和篇章的基础。每个词汇都具有一定的音、形、义三个方面的特性，即发音、书写形式和语义内容。这些特性使得词汇能够成为信息传递和理解的桥梁，使人们在交流中能够准确、高效地表达思想和情感。

词汇的丰富性和多样性是语言生命力的体现。不同的语言拥有各自独特的词汇体系，反映了不同民族的文化背景、历史传统和思维方式。同时，随着时代的发展和社会的进步，词汇也在不断地更新和演变，以适应新的信息传播需求。

（二）词汇在信息传播中的作用

在信息传播过程中，词汇起着编码和解码的作用。发送者通过选择特定的词汇来构建信息，将其编码为语言信号；接收者则通过解码这些语言信号，理解发送者所传递的信息。词汇的准确性和恰当性直接影响着信息传播的效率和准确性。词汇是意义传达的载体，每个词汇都蕴含着特定的意义，通过组合和排列，可以构成复杂多样的句子和篇章，传达丰富的思想和情感。接收者通过理解词汇的意义，能够准确把握发送者的意图和态度，从而实现有效的信息交流。

词汇不仅是信息的载体，也是文化的传递者。不同的词汇反映了不同的文化背景和价值观念。通过学习和使用特定的词汇，人们能够了解和认同某种文化，从而实现文化的传承和发展。词汇在文化传播中的重要作用，使得它成为维护文化多样性和促进文化交流的关键因素。词汇是思维表达的工具，也是创造的源泉。人们通过词汇来组织和表达自己的思想，将抽象的概念和情感转化为具体的语言形式。同时，词汇的创造和演变也推动了语言的发展和创新，为人类的思维和文化进步提供了源源不断的动力。

（三）词汇与文化的关系

词汇与文化紧密相连、相互依存。一方面，词汇是文化的重要组成部分，它记录了民族的历史、传统和习俗，反映了民族的性格和思维方式；另一方面，文化又影响着词汇的形成和发展，不同的文化环境孕育了不同的词汇体系，使得词汇成为文化差异的显著标志。

在跨文化交流中，词汇的文化差异成为理解和沟通的重要障碍。因此，了解和尊重不同文化的词汇特点，掌握跨文化交流的技巧和方法，对于促进不同民族之间的理解和合作具有重要意义。

二、词汇在信息传播中的功能与作用

词汇作为语言的基本构成元素，是信息传播不可或缺的基石。在人类文明的发展历程中，词汇不仅承载着知识与信息，还扮演着文化传承、情感交流、思维表达等多重角色。

（一）词汇的编码与解码功能

信息传播的第一步是信息的编码，即将思想、情感或事实转化为可传递的符号形式。词汇作为语言的最小单位，是这一过程中的关键元素。每个词汇都对应着特定的意义，通过词汇的选择与组合，发送者能够将复杂的思想和情感编码为语言信号，以便传递给他人。

接收者在收到这些信息后，需要对其进行解码，即理解词汇所承载的意义，从而把握发送者的意图。词汇的解码过程依赖于接收者的语言能力和文化背景，不同的词汇可能引发不同的联想和解读。因此，词汇的编码与解码功能不仅关乎信息的准确传递，还涉及文化认同和语境理解。

（二）词汇的意义传达功能

词汇是意义传达的载体，它使得信息传播得以跨越时间和空间的限制。每个词汇都蕴含着特定的意义，这些意义在交流中得以共享和传递。通过词汇的组合和排列，人们能够构建出复杂多样的句子和篇章，表达丰富的思想和情感。

词汇的意义传达功能还体现在其多义性和语境依赖性上。同一个词汇在不同的语境中可能具有不同的意义，这需要发送者和接收者共同协商和理解。因此，词汇的意义传达不仅是一个简单的信息传递过程，还是一个涉及语境感知、意义协商和共同理解的复杂过程。

（三）词汇的文化传递功能

词汇是文化的重要组成部分，它承载着民族的历史、传统和习俗。每个词汇都蕴含着特定的文化内涵，通过词汇的传播和使用，文化得以在代际之间传递和延续。词汇的文化传递功能不仅体现在其字面意义上，还体现在其背后的文化隐喻和象征意义上。在不同的文化背景下，词汇可能具有不同的文化内涵和象征意义，这些差异反映了不同民族的文化特色和价值观念。因此，在跨文化交流中，了解和尊重不同文化的词汇特点，掌握跨文化交流的技巧和方法，对于促进文化理解和合作具有重要意义。

（四）词汇的思维构建功能

词汇不仅是信息传播的工具，还是思维构建的基础。人们通过词汇来组织和表达自己的思想，将抽象的概念和情感转化为具体的语言形式。词汇的思维构建功能体现在其能够帮助人们形成概念、进行分类、建立联系、进行推理等方面。在认知发展过程中，词汇的掌握和运用对于个体的思维能力和创造力具有重要影响。通过学习和使用新的词汇，人们能够拓展自己的思维视野，增强对复杂事物的理解和表达能力。因此，词汇的思维构建功能不仅关乎个体的认知发展，还关乎整个社会的知识创新和文化进步。

（五）词汇的社会互动功能

词汇在社会互动中发挥着重要作用，通过词汇的交流和使用，人们能够建立联系、传递信息、表达情感、协商意义并达成共识。词汇的社会互动功能体现在其能够帮助人们建立社交关系、维护社会秩序、推动社会变革等方面。

在社交场合中，词汇的选择和使用往往受到社会规范和文化习俗的影响。不同的词汇可能引发不同的社交效果，如增进友谊、化解矛盾、引发冲突等。因此，掌握和运用恰当的词汇对于建立良好的社交关系和维护社会秩序具有重要意义。此外，词汇还在社会变革中发挥着重要作用。新的词汇和表达方式的涌现往往伴随着社会观念和价值观的变化。通过词汇的传播和使用，人们能够传递新的思想和观念，推动社会的进步和变革。

第二节　新闻媒体中的词汇选择

一、新闻媒体词汇的特点与要求

新闻媒体词汇作为信息传播的重要载体，具有独特的特点和要求。这些特点和要求不仅体现在词汇的选择上，还体现在词汇的运用和表达上。

（一）新闻媒体词汇的特点

准确性是新闻媒体词汇的首要特点。新闻媒体作为信息传播的主要渠道，其报道的内容必须真实、准确、无歧义。因此，在选择词汇时，新闻工作者必须确保所选词汇能够准确传达信息，避免使用含糊不清或可能引起误解的词汇。例如，在报道经济数据时，应使用精确的数值和百分比，而不是模糊的描述。

新闻媒体的传播速度较快，信息量大，因此要求词汇具有简洁性。新闻工作者需要用最少的词汇传达最多的信息，使读者或听众能够在短时间内理解报道的主要内容。这要求新闻工作者在选词时注重词汇的精炼和高效，避免冗长和复杂的句子结构。新闻媒体面向的是广大公众，因此其词汇应具有通俗性。新闻工作者应选择大众熟知的词汇，避免使用过于专业或生僻的词汇，以确保信息的广泛传播和理解。同时，新闻媒体还应注重语言的通俗化表达，使报道更加贴近群众，增强可读性和可听性。

新闻媒体的报道具有时效性，要求词汇能够及时反映社会发展和时代变迁。新闻工作者需要紧跟时代步伐，不断更新词汇库，以适应社会发展的需要。例如，随着科技的进步和新兴事物的出现，新闻媒体需要及时引入相关词汇，以满足公众的信息需求。新闻媒体作为信息传播的中立者，其词汇应具有客观性。新闻工作者在报道时应避免使用带有个人情感或偏见的词汇，而是应客观、公正地呈现事实。这要求新闻工作者在选词时注重词汇的中立性和客观性，以确保报道的公正性和可信度。

（二）新闻媒体词汇的要求

新闻媒体作为正式的信息传播渠道，其词汇运用必须严格遵循语法规范。新闻工作者应熟练掌握语法知识，确保报道中的句子结构正确、语序合理、时态准确。同时，还应注意避免使用非规范用语和错别字，以确保报道的规范性和严谨性。新闻媒体词汇的运用需要注重搭配和语境。新闻工作者应根据报道的主题和内容选择合适的词汇，并注重词汇之间的搭配和呼应。同时，还应考虑词汇在语境中的含义和用法，以确保报道的准确性和流畅性。例如，在报道政治事件时，应使用正式、庄重的词汇；在报道娱乐新闻时，则可以使用轻松、活泼的词汇。

新闻媒体报道需要明确、具体，因此应避免使用模糊词汇和歧义表达。新闻工作者应选择具体、明确的词汇来描述事物和现象，避免使用含糊不清或可能引起误解的词汇。同时，还应注意避免使用双关语、隐喻等修辞手法，以免给读者或听众造成困惑。新闻媒体作为信息传播的艺术形式，其词汇的运用还需要注重语言的节奏和韵律。新闻工作者应通过合理的句子结构和词汇搭配来创造优美的语言节奏和韵律，使报道更加生动、有趣。这不仅可以增强报道的吸引力，还可以提高读者的阅读体验。随着社会的不断发展和进步，新闻媒体需要不断更新词汇库以适应新的信息传播需求。新闻工作者应密切关注社会动态和新兴事物，及时引入相关词汇并熟悉其用法。同时，还应注重学习新的语言知识和表达方式，以提高自己的专业素养和报道水平。

（三）新闻媒体词汇的实践应用

在新闻报道中，新闻媒体词汇的应用主要体现在标题、导语、正文、结尾等部分。标题应简洁明了地概括报道的主要内容；导语则应迅速吸引读者的注意力并引导他们进入正文；正文部分应详细阐述事实并注重词汇的准确性和客观性；结尾部分则应总结报道并给出必要的评论或展望。不同类型的新闻报道对词汇的要求也有所不同。例如，在硬新闻（如政治、经济、科技等）报道中，应注重词汇的准确性和专业性；在软新闻（如娱乐、体育、文化等）报道中，则可以更加注重词汇的通俗性和趣味性。同时，不同新闻类型的报道风格和语言特点也有所不同，新闻工作者应根据实际情况进行选择和运用。

随着新媒体的兴起和发展，新闻媒体面临着新的挑战和机遇。为了适应新媒体的传播特点和受众需求，新闻工作者需要不断创新词汇运用方式和方法。例如，可以运用网络流行语、表情包等新媒体元素来增强报道的趣味性和互动性；同时还可以通过短视频、直播等形式来拓展报道的传播渠道和受众范围。

二、新闻媒体词汇的选择原则与策略

在新闻传播领域，词汇的选择不仅是信息传递的基础，更是塑造报道风格、引导公众舆论的关键。新闻媒体词汇的选择须遵循一系列原则与策略，以确保信息的准确传达、增强报道的可读性，并适应不断变化的媒体环境。

（一）新闻媒体词汇选择的原则

准确性是新闻媒体词汇选择的首要原则。新闻报道必须确保信息的真实性，因此词汇的选择必须准确无误。这要求新闻工作者在选择词汇时，要仔细斟酌每个词汇的含义，避免使用含糊不清或可能引起误解的词汇。例如，在报道经济数据时，应使用精确的数值和百分比，避免使用模糊的描述，以确保信息的准确传达。新闻媒体作为信息传播的中立者，其词汇选择应坚持客观性原则。新闻工作者应避免使用带有个人情感或偏见的词汇，而是应客观、公正地呈现事实。在报道中，要力求平衡各方观点，不夸大、不缩小，确保信息的客观公正。

新闻媒体的报道具有时效性，词汇的选择也应紧跟时代步伐。新闻工作者应及时更新词汇库，引入与当前社会热点、新兴事物相关的词汇，以满足受众的信息需求。同时，在报道中要注重新闻的时效性，使用符合当前语境的词汇，避免使用过时或陈旧的词汇。新闻媒体面向的是广大公众，词汇的选择应具有通俗性。新闻工作者应选择大众熟知的词汇，避免使用过于专业或生僻的词汇，以确保信息的广泛传播和理解。同时，在表达上要注重语言的平实易懂，避免使用晦涩难懂的句子结构。

在新闻传播中，语言的经济性原则同样重要。新闻工作者应追求用最少的语言形式表达最多的意义。这要求在选择词汇时，要注重词汇的精炼和高效，避免冗长和复杂的句子结构。简洁明了的语言表达，可以提高新闻报道的可读性和吸引力。词汇的选择应与报道内容紧密相关。新闻工作者在选择词汇时，要确保所选词汇能够准确概括主题，反映报道的核心内容。同时，在布局关键词时，要将其合理分布在标题、导语、正文、结尾等部分，以增强报道的连贯性和可读性。

（二）新闻媒体词汇选择的策略

新闻媒体在词汇选择上应遵循约定俗成的原则。对于已经被广泛接受和使用的词汇，应优先选用。这有助于增强报道的可读性和可接受性，避免使用生僻或自创词汇可能带来的理解障碍。词汇的选择不仅要看单个词汇的意义，还要注重词汇之间的搭配和语境。新闻工作者应根据报道的主题和内容，选择合适的词汇并进行合理的搭配。同时，要考虑词汇在语境中的具体含义和用法，确保信息的准确传达。

面对不断涌现的新词语，新闻媒体应保持开放的态度，适度使用那些符合语言发展规律、能够准确表达新事物、新现象的新词语，但同时也要注意避免滥用新词语，确保报道语言的规范性和可理解性。

在选择词汇时，新闻工作者还应考虑词汇的权威性与热门度。权威性词汇能够增加报道的可信度，提升受众对报道的信任感；而热门度词汇则有助于吸引受众的注意力，提高报道的传播效果。因此，在选择词汇时，要综合考虑这两个因素。为了更准确地选择词汇，新闻工作者可以借助一些关键词分析工具。这些工具可以提供词汇的搜索量、竞争程度、相关建议等信息，有助于新闻工作者了解受众的搜索习惯和需求，从而选择更具针对性的词汇。

随着新媒体的兴起和发展，新闻媒体词汇的选择也需要适应新的媒体环境。新闻工作者应关注网络流行语、社交媒体热词等新媒体词汇的发展动态，并适时引入这些词汇以增强报道的趣味性和互动性。同时，也要注意避免使用过于粗俗或低俗的词汇以维护新闻媒体的形象和公信力。在新闻报道中，既要注重语言的多样性，以丰富报道的表达方式，又要保持语言的统一性，以确保信息的连贯性和可读性。新闻工作者应根据报道的需要和受众的特点，灵活选择词汇和句式结构，以实现语言的多样性与统一性的有机结合。

第三节　网络语言的兴起与影响

一、网络语言的基本概念与特点

网络语言作为一种在虚拟网络世界中广泛使用的特定语言形式，自 20 世纪 90 年代诞生以来，随着互联网技术的飞速发展，已逐渐成为一种不可忽视的语言现象。它不仅丰富了我们的语言体系，还深刻地影响了人们的沟通方式和文化表达。

（一）网络语言的基本概念

网络语言，又称互联网常用语，是指在虚拟的网络世界中被广大网友普遍接受的一种特定的语言形式。它产生和运用于网络，通过中英文字母、标点、符号、拼音、图标图片、文字等多种组合表达特殊的意义。网络语言实质上是语言的一种社会变体，是一种社会方言，具有广义上的行业语特征，通用于某一语言社团（网民）内部。网络语言的形成有多方面的原因。

首先，输入文字快捷简便的需要是推动网络语言发展的重要因素。在早期的网络交流中，受限于网络速度和输入设备，网民们为了提高交流效率，开始使用缩写、符号等简洁的方式表达意思。随着时间的推移，这些简洁的表达方式逐渐固定下来，形成了独特的网络语言。

其次，表达生动形象的需要也是网络语言产生的重要原因。在网络交流中，由于缺乏面对面沟通时的非言语信息，网民们倾向于使用更加生动形象的词汇和表达方式来传达情感和态度。例如，使用"笑哭"表情符号来表示既开心又无奈的心情，或者使用"洪荒之力"来形容极大的力量。此外，填补词语缺位的需要也是网络语言发展的动力之一。随着社会的发展和新兴事物的出现，传统语言中的词汇可能无法完全满足表达的需要。网络语言作为一种灵活的语言变体，能够迅速吸收新词新语，填补词语缺位的空白。

（二）网络语言的特点

网络语言的首要特点就是简洁明了。为了在有限的字符数内表达自己的想法，网民们通常采用缩写、符号、数字等简洁的方式。例如，用"2"来表示"to"，"brb"表示"be right back"，"ICYMI"表示"In Case You Missed It"。这些简洁的表达方式大大提高了交流效率，使人们在网络世界中能够更快地传递信息。网络语言往往借助比喻、拟人、夸张等修辞手法，使语言更加生动形象，易于理解和记忆。例如，"爆肝"用来形容长时间工作或学习导致身体疲惫不堪的状态，"友谊的小船说翻就翻"比喻友谊的脆弱，"洪荒之力"夸张地表示极大的力量。这些生动的表达方式不仅丰富了网络语言的表现力，还使得网络交流更加有趣味性。

网络语言的发展速度极快，新词新语不断涌现，体现了其创新性的特点。年轻人特有的激情、时尚、追求特立独行的特点，使得以年轻人为主体的网友不仅主动地使用网络语言，而且积极创作网络语言。这种创新性的语言形式不仅丰富了网络语言的内容，还推动了语言的发展和变革。网络语言注重交流和互动，通过使用各种语言形式和修辞手法来达到沟通的目的。在网络交流中，网民们可以通过表情符号、图片、语音等多种形式来表达自己的情感和态度，使得交流更加生动有趣。这种交互性不仅增强了网络交流的互动性，还引发了网民之间的情感共鸣。

网络语言的表现形式多种多样，包括中英文字母、标点、符号、拼音、图标图片、文字等多种组合。这种多样化的表现形式不仅丰富了网络语言的表现力，还使得网络交流更加灵活多变。同时，网络语言还广泛取材于方言俗语、各门外语、缩略语、谐音等，进一步增加了网络语言的多样性和趣味性。网络语言往往具有幽默讽刺的特点。许多网络语言来源于社会热点事件或网络现象，通过夸张、反讽等手法来表达人们的观点和态度。例如，"小确幸"用来形容生活中微小而确实的幸福，"躺平"则表示一种放弃奋斗、追求安逸的生活态度。这些幽默讽刺的网络语言不仅反映了人们的心理感受和社会情绪，还使得网络交流更加有趣味性和深度。网络语言的使用群体是广大网友，因此网络语言在虚拟网络中的传播和使用具有高度的自主性。网民们可以根据自己的喜好和需求选择和使用网络语言，展示自己的个性和风格。这种自主性和个性化的特点使得网络语言更加丰富多彩，也促进了网民之间的交流和互动。

（三）网络语言的文化意义

网络语言不仅是一种语言现象，更是一种文化现象，它反映了互联网时代人们的生活节奏加快、信息获取方式改变、年轻一代的个性化追求等特点。网络语言的流行不仅丰富了我们的语言体系，还促进了文化的传承和创新。通过网络语言，可以更好地理解和感受互联网时代的文化风貌和社会情绪。然而，网络语言的发展也带来了一定的挑战和问题。部分网络用语存在低俗、暴力等问题，对青少年的语言审美和价值观产生了一定的冲击。因此，在享受网络用语带来的便捷与乐趣的同时，还需要关注其潜在的危害，加强对网络用语的规范和引导。

　　总之，网络语言作为一种新兴的语言形式和文化现象，具有其独特的魅力和价值。我们应该正视其存在和发展趋势，既要尊重网络语言的创新性和多样性特点，又要关注其潜在的问题和挑战。通过合理的规范和引导，网络语言能够更好地服务于人们的交流和沟通，促进文化的传承和创新。

二、网络语言对汉语词汇系统的影响

　　随着互联网的普及和信息技术的飞速发展，网络语言作为一种新兴的语言现象，不仅在网络空间中迅速传播，而且逐渐渗透到人们的日常生活和正式语境中，对汉语词汇系统产生了深远的影响。

（一）网络语言对汉语词汇系统的积极影响

　　网络语言的出现极大地丰富了现代汉语的词汇数量和内涵，进一步拓展了现代汉语词汇学的视野和涵盖范围。网络语言作为网络环境中汉语语言的语言变体，属于汉语词汇的外围部分，与现代汉语核心部分的基本词汇互不可取代并相辅相成。网络词汇大都是在现代汉语词汇的原有基础上逐步衍生出来的，其中的很大一部分则是在当前社会"失语"状态下，对现代汉语词汇应用贫乏的补充。例如，"佛系青年""吃土""躺平"等词汇，都是基于当下社会现象和年轻人生活状态而产生的，它们不仅丰富了汉语词汇，还使得语言更加贴近现实生活。

　　网络词汇及其表现方式的除旧布新，为现代汉语词汇的学习提供了大量的选择，确保了现代汉语词汇的学习改革的开展。在传统的现代汉语词汇学习过程中，无论是学习者的课堂学习还是课下自学，都会受到现代汉语词汇作为语言形式理论性过多和工具性特征比较明显的束缚，这使现代汉语词汇的学习更为枯燥乏味。但是网络用语的出现和日常应用却为现代汉语词汇的学习增加了新鲜养料。网络词汇的活泼和生动有利于缓解当前由于社会流动分层、贫富差距、应试教育等所带来的高压和紧张氛围。网络语言以其独特的表达方式和创新性的词汇，促进了汉语语言的多样化和生动化。在网络交流中，人们不再局限于传统的表达方式，而是更加倾向于使用形象生动、简洁高效的网络语言。这种多样化的表达方式不仅丰富了汉语的表达形式，还使得语言更加贴近年轻人的生活态度和价值取向。

（二）网络语言对汉语词汇系统的消极影响

网络流行语的快速发展在一定程度上阻碍了汉语词汇的正常传播与传承。由于网络语言的非规范性，它并不适宜用在正式的场合。然而，在现实生活中，一些人过度依赖网络语言进行交流，导致传统汉语词汇的使用频率降低。长此以往，不仅会影响人们对现代汉语词汇的掌握和运用能力，还会阻碍汉语词汇的正常传播与传承。网络语言往往具有随意性和不规范性，一些网络新词在产生和传播过程中，可能会改变原有汉语词汇的原意和规范。例如，"套路"一词原本指精心策划的一套计划，但在网络语境中常被用来表示"受骗"的含义。这种词义的变化不仅会导致语言理解的混乱，还会对汉语词汇的规范性和准确性造成冲击。

部分网络语言存在低俗、暴力等问题，这不仅会污染网络环境，还会对青少年的语言审美和价值观产生不良影响。一些网络流行语中的粗俗、轻佻的表达方式，可能会误导年轻人对语言规范性的认识，甚至引发语言暴力现象。

第四节　广告语言中的词汇策略

一、广告语言的基本概念与特点

广告语言作为商业传播中不可或缺的一部分，是广告主与受众之间沟通的重要桥梁。它不仅承载着传递产品信息、塑造品牌形象的重任，还通过独特的表达方式激发消费者的购买欲望。

（一）广告语言的基本概念

广告语言是指在广告活动中使用的语言文字，它是广告创意和策略的具体体现，通过文字、词语、句子、段落等语言单位，向目标受众传达商品或服务的信息，以达到吸引注意、激发兴趣、促进购买等目的。广义的广告语言包括广告文案中的所有语言文字内容，如广告标题、广告正文、广告标语（口号）等；狭义的广告语言则专指广告中的特定语句或短语，这些语句或短语往往具有高度的概括性和传播力。

广告语言作为商业语言的一种，具有鲜明的行业特性和目的性。它不仅要求语言简洁明了、易于理解，还要求富有创意和吸引力，能够在众多广告中脱颖而出，吸引目标受众的注意。同时，广告语言还需要遵循一定的社会道德规范和法律法规，确保信息的真实性和合法性。

（二）广告语言的特点

广告语言的首要特点是简洁凝练。由于广告空间有限且受众注意力短暂，因此广告语言必须抓住重点、言简意赅地传达核心信息。简洁凝练的广告语不仅便于受众快速理解和记忆，还能在有限的时间内产生强烈的视觉冲击力和感染力。例如，"怕上火，喝王老吉"这句广告语简洁明了地传达了王老吉饮料的清热降火功效，让人一听即明。广告语言必须清楚简单，容易阅读和理解。广告的目的是向广大受众传递信息，因此广告语言必须避免使用晦涩难懂的专业术语或复杂的句子结构。相反，它应该使用浅显易懂、贴近生活的词汇和表达方式，使受过普通教育的人都能轻松接受。明白易懂的广告语言有助于减少受众的认知负担，提高信息传播效率。

创意独特是广告语言的核心竞争力之一。在竞争激烈的广告市场中，只有具备独特创意的广告语言才能吸引受众的眼球并给受众留下深刻印象。创意独特的广告语言往往通过新颖的表达方式、巧妙的比喻或独特的观点来展现产品或服务的特色与优势。例如，"钻石恒久远，一颗永流传"这句广告语巧妙地利用钻石的永恒属性来比喻爱情的坚贞不渝，既富有诗意又令人难以忘怀。广告语言不仅要传达信息还要触动受众的情感。通过情感化的表达方式引发受众的共鸣是广告语言的重要特点之一。情感共鸣能够拉近广告主与受众之间的距离，使受众在情感上产生共鸣并进而产生购买欲望或行动动机。例如，"妈妈的味道"这句广告语通过温馨的家庭情感来激发受众对产品的亲切感和认同感。

广告语言具有夸饰性、劝说性、承诺性等特点。夸饰性是指广告语言往往通过夸张的手法来突出产品或服务的优点和特色；劝说性是指广告语言通过说服和引导的方式促使受众采取行动；承诺性则是指广告语言往往包含对产品质量、服务承诺等方面的保证和承诺。这些特点使得广告语言在传达信息的同时具有更强的说服力和感染力。广告语言的表现形式多样灵活、不拘一格，它可以采用诗歌、散文、故事等多种文学形式来展现产品或服务的特色与优势；也可以运用幽默、讽刺、双关等多种修辞手法来增强语言的趣味性和吸引力。此外，随着新媒体技术的发展，广告语言还可以结合图像、声音、动画等多种元素来创造更加生动形象的传播效果。广告语言具有很强的适应性和时效性。它能够根据不同受众群体的特点和需求进行有针对性的调整和优化；同时，随着市场环境的变化和产品更新换代的速度加快，广告语言也需要及时更新以保持其新鲜感和吸引力。这种适应性和时效性使得广告语言在商业传播中始终保持活力和竞争力。

二、广告语言中的词汇策略分析

广告作为现代商业社会中的重要传播手段，其语言艺术性和策略性不容忽视。广告语言不仅承载着传递产品信息、激发消费者购买欲望的任务，更在塑造品牌形象、构建消费者认知方面发挥着关键作用。

（一）精准性：确保信息准确传达

在广告语言中，精准性是第一要义。广告的目的是向消费者传递产品的核心价值和独特卖点，因此，词汇的选择必须能够准确、清晰地表达这些信息。这要求广告创作者深入了解产品特性和目标受众的需求，选用最能够凸显产品优势的词汇。

为了实现精准性，广告语言往往采用专业术语或行业特定词汇来描述产品的技术特点或功能优势。同时，为了避免消费者因专业术语而产生困惑，广告语言也会巧妙地结合通俗易懂的词汇进行解释，确保信息能够被广泛理解和接受。此外，精准性还体现在对目标受众的准确定位上。不同年龄、性别、文化背景的消费者对于词汇的接受程度和偏好存在差异，因此，广告语言需要根据目标受众的特点进行有针对性的调整，选用最能够触动他们心弦的词汇。

（二）创新性：吸引注意力，提升记忆点

在信息爆炸的时代，广告要想在众多竞争中脱颖而出，就必须具备创新性。广告语言中的词汇创新是提升广告吸引力和记忆点的关键。通过创造新词、借用外来词、改造现有词汇等方式，广告语言能够呈现出新颖、独特的特点，从而吸引消费者的注意力。

新词创造是广告语言创新的一种常见方式。广告创作者会根据产品的特性和宣传需求，创造一些富有创意和想象力的新词，这些新词往往能够准确描述产品的功能特点，同时给消费者留下深刻的印象。借用外来词也是广告语言创新的一种有效手段。随着全球化的深入，越来越多的外来词汇被引入到广告语言中，为广告增添了国际化的色彩。这些外来词汇不仅具有独特的发音和含义，还能够激发消费者的好奇心和新鲜感。改造现有词汇则是通过改变词汇的常规用法或赋予其新的含义，使广告语言更加生动有趣。这种改造往往能够突破消费者的思维定势，产生意想不到的效果。

（三）修辞性：增强表达效果，引发情感共鸣

修辞是广告语言中不可或缺的一部分，通过运用比喻、拟人、夸张、双关等修辞手法，广告语言能够增强表达效果，使广告更加生动形象、富有感染力。

比喻是将一种事物比作另一种事物，以突出或强调某一方面的特点。在广告语言中，比喻手法常被用于将产品与某种具有积极形象的事物相比较，从而赋予产品以新的含义和价值。拟人则是将非人的事物赋予人的特性和行为，使其更加生动形象。广告语言中的拟人手法能够拉近产品与消费者之间的距离，使消费者产生亲切感和认同感。夸张是故意超出或违背常规情理范围，以突出或强调某一方面的特点。在广告语言中，夸张手法能够吸引消费者的注意力，产生强烈的视觉冲击力和感染力。然而，夸张手法应适度使用，避免过度夸张导致消费者产生反感。

双关是利用词汇的音义条件，使一句话同时具有双重含义。双关手法能够增加广告的趣味性和记忆点，使消费者在轻松愉快的氛围中接受广告信息。

（四）情感共鸣：触动心灵，激发购买欲望

广告语言不仅要传递产品信息，更要触动消费者的情感。通过运用富有情感色彩的词汇和表达方式，广告语言能够引发消费者的情感共鸣，从而激发他们的购买欲望。

情感共鸣的实现需要广告创作者深入了解消费者的心理需求和情感状态。不同的消费者对于产品的需求和期望存在差异，因此，广告语言需要根据目标受众的情感特点进行有针对性的调整。例如，针对年轻消费者的广告可能更注重时尚、活力等情感元素的表达；而针对中老年消费者的广告则可能更注重健康、安全等情感元素的传递。

（五）品牌关联：强化品牌形象，提升品牌价值

广告语言中的词汇策略还应注重与品牌的关联。通过将特定的词汇与品牌名称紧密联系在一起，广告能够强化品牌形象、提升品牌价值。

品牌关联的实现需要广告创作者深入了解品牌的核心价值和定位。在广告语言中，品牌关联的词汇往往具有象征意义或文化内涵，能够准确传达品牌的精神和理念。同时，这些词汇还需要与产品的特性和宣传需求相结合，以确保广告信息的准确性和有效性。此外，广告语言还可以通过反复强调品牌名称或标志性词汇来加深消费者对品牌的印象和认知。这种强调不仅能够在消费者心中建立品牌与产品之间的紧密联系，还能够提升品牌的知名度和美誉度。

第五节　社交媒体词汇特点分析

一、社交媒体词汇的基本概念与特点

在 21 世纪的数字时代，社交媒体已成为全球范围内最为活跃的信息交流和互动平台。随着其影响力的日益扩大，社交媒体不仅改变了人们的沟通方式，还催生了大量独特的词汇和表达方式，这些词汇和表达方式构成了我们所说的"社交媒体词汇"。

（一）社交媒体词汇的基本概念

社交媒体词汇是指在社交媒体平台上广泛使用的、具有特定含义和用法的词汇、短语、表情符号、缩写等语言元素。这些词汇往往源于网络文化、社会事件、流行趋势等，是社交媒体用户群体共同创造和使用的语言工具。它们不仅反映了社交媒体平台的特性，也体现了用户群体的文化背景、价值观念和交流习惯。

社交媒体词汇的形成是多种因素共同作用的结果。首先，互联网技术的飞速发展，特别是移动互联网的普及，为社交媒体词汇的传播提供了广阔的空间。其次，社交媒体平台的多样性和开放性，使得用户能够自由地表达自己的观点和情感，从而促进了新词汇和表达方式的产生。此外，社会事件、流行文化、网络热梗等也是社交媒体词汇的重要来源。社交媒体词汇在社交媒体交流中发挥着重要的作用。它们不仅能够简洁明了地表达用户的观点和情感，还能够增强交流的趣味性和互动性。同时，社交媒体词汇也是网络文化的重要组成部分，它们反映了用户的文化认同和价值取向。

（二）社交媒体词汇的独特特点

社交媒体词汇的最大特点在于其不断创新和多样性。随着社交媒体平台的不断发展和用户群体的不断扩大，新的词汇和表达方式不断涌现。这些词汇往往具有新颖、独特、富有创意的特点，能够迅速吸引用户的注意并广泛传播。同时，社交媒体词汇也呈现出多样化的特点，包括文字、图片、表情符号等多种形式，使得交流更加丰富多彩。在社交媒体交流中，用户往往追求简洁高效的表达方式，因此，社交媒体词汇往往具有简洁明了的特点，能够用简短的词汇或短语准确地表达用户的意图和情感。此外，社交媒体平台上的缩写、简写等也体现了用户对高效交流的追求。这种简洁高效的表达方式不仅节省了用户的时间和精力，也提高了交流的效率和准确性。

社交媒体是情感交流的重要场所，因此社交媒体词汇往往具有强烈的情感色彩。用户通过词汇的选择和组合来表达自己的喜怒哀乐、爱恨情仇等复杂情感。同时，社交媒体词汇也体现了用户的个性化特点。每个用户都有自己的语言风格和表达习惯，他们通过独特的词汇和表达方式来展示自己的个性和魅力。社交媒体词汇往往还具有强烈的社群属性和共鸣效应。特定的词汇或表达方式能够迅速在某一群体内流行，成为该群体的共同语言。这种社群性不仅增强了用户之间的归属感和认同感，也促进了用户之间的交流和互动。同时，社交媒体词汇还能够引发用户的共鸣和情感共振，使得用户之间产生强烈的情感联系和共同体验。

社交媒体词汇的流行往往与特定事件或时期紧密相关，具有鲜明的时效性。一旦事件过去或趋势改变，相关词汇可能会逐渐淡出人们的视线，被新的词汇所取代。这种动态变化的特性使得社交媒体词汇始终保持活力和新鲜感，也体现了社交媒体平台的时效性和敏感性。同时，这种动态性也为用户提供了不断学习和探索新词汇的机会。随着全球化的加速和互联网的普及，社交媒体已经成为跨文化交流的重要平台。社交媒体词汇也呈现出跨文化性和全球性的特点。不同国家和地区的用户通过社交媒体进行交流时，会带入各自的文化背景和语言习惯，从而形成具有跨文化特色的词汇和表达方式。这些词汇不仅丰富了社交媒体的语言库，也促进了不同文化之间的交流和融合。

二、社交媒体词汇的构成与演变规律

在数字化时代，社交媒体已成为信息传播和社会交流的重要平台，而社交媒体词汇作为这一平台的独特语言现象，不仅丰富了现代汉语词汇库，还反映了社会文化的变迁和发展。

（一）社交媒体词汇的构成

1. 构成元素

社交媒体词汇并非完全脱离传统语言而独立存在，许多基本词汇经过重新组合或赋予新义后，成为社交媒体上的常用词汇。例如，"赞""评论""分享"等词汇在传统语言中已有明确含义，但在社交媒体上被赋予了新的社交功能。随着全球化的加速，社交媒体上的外来语词汇日益增多。这些词汇可能直接来源于英语、日语、韩语等其他语言，如"follow"（粉）、"like"（赞）、"kick out"（踢出群）等，也可能经过音译或意译后融入汉语中，如"伊妹儿"

（email）、"粉丝"（fans）等。

在社交媒体交流中，表情符号和贴纸已成为不可或缺的表达方式，它们以图形化的形式传递情感、态度或行为信息，这些符号简洁明了，易于理解，成为社交媒体语言的重要组成部分。为了提高输入效率或追求新颖独特，社交媒体用户常常使用缩写和简写词汇，这些词汇往往由字母、数字或汉字组合而成，如"yyds"（永远的神）、"绝绝子"（极好的）等。它们简短易记，能够快速传达信息，符合社交媒体快节奏的交流特点。

社交媒体是热点事件和流行文化的放大器，许多网络热梗和流行语由此诞生并迅速传播。这些词汇往往与特定事件或时期紧密相关，具有鲜明的时效性和动态性。如"打 call"（支持鼓励）、"躺平"（放弃奋斗）等词汇，不仅反映了社会现象，也成为了网民共同的语言符号。

2. 构成方式

社交媒体词汇的构成方式灵活多样，主要包括以下四种。

① 直接借用：直接从其他语言或文化中借用词汇，经过音译或意译后融入汉语中，这种方式能够快速引入新概念和新事物，丰富汉语的表达方式。

② 创新组合：通过基本词汇的创新组合或赋予新义来创造新词汇，这种方式体现了语言的创造性和活力，能够满足社交媒体用户个性化表达的需求。

③ 缩写与简写：为了提高输入效率或追求新颖独特，对原有词汇进行缩写或简写，这种方式简洁明了，易于传播，符合社交媒体快节奏的交流特点。

④ 表情符号与贴纸：利用图形化的表情符号和贴纸来表达情感、态度或行为信息，这种方式直观生动，能够跨越语言障碍，实现跨文化的交流和理解。

（二）社交媒体词汇的演变规律

1. 演变动力

社交媒体作为信息传播和社会交流的重要平台，其词汇的演变往往受到社会需求的影响。随着新事物、新现象的出现和社会热点的变化，社交媒体词汇需要不断更新和丰富以满足用户的表达需求。互联网技术的快速发展为社交媒体词汇的演变提供了技术支持。新的技术工具和平台不断涌现，为社交媒体词汇的创造和传播提供了更多可能性。

全球化背景下不同文化的交融和碰撞也促进了社交媒体词汇的演变。外来语词汇的引入和本土化改造丰富了社交媒体词汇的构成元素和表达方式。社交媒体用户的创造性和想象力是社交媒体词汇演变的重要动力。用户通过创新组合、缩写简写等方式创造出大量新颖独特的词汇和表达方式，推动了社交媒体词汇的不断更新和发展。

2. 演变路径

新词汇或表达方式在社交媒体平台上初现端倪，受到少数用户的关注。这些词汇或表达方式往往具有新颖独特的特点，能够迅速吸引用户的注意。随着用户的不断传播和使用，新词汇或表达方式逐渐在社交媒体平台上扩散开来。越来越多的用户开始接受并使用这些词汇或表达方式，使其成为社交媒体上的常用语言。

在特定事件或时期的影响下，新词汇或表达方式达到使用高峰。这些词汇或表达方式成为社交媒体上的热门话题和流行语汇，广泛传播并引发社会关注。随着事件的过去或趋势的改变，新词汇或表达方式的使用逐渐减少并最终衰退。一些词汇或表达方式可能逐渐淡出人们的视线，被新的词汇所取代；而另一些则可能因为具有普遍性和稳定性而长期保留在社交媒体语言中。

3. 演变特点

社交媒体词汇的演变往往与特定事件或时期紧密相关，具有鲜明的时效性。一旦事件过去或趋势改变，相关词汇可能会迅速衰退或被新的词汇所取代。社交媒体词汇的演变体现了语言的创新性和活力。用户通过创新组合、缩写简写等方式创造出大量新颖独特的词汇和表达方式满足了个性化表达的需求。

社交媒体词汇的构成元素和表达方式多种多样，包括基本词汇、外来语、表情符号、缩写简写等多种形式。这种多样性使得社交媒体语言更加丰富多彩，能够满足不同用户的表达需求。社交媒体词汇的演变是一个动态变化的过程。随着新事物、新现象的出现和社会热点的变化，社交媒体词汇需要不断更新和丰富以适应社会的发展和变化。

参考文献

[1] 汪维辉. 汉语词汇史新探续集 [M]. 杭州：浙江大学出版社，2018.

[2] 王仕良. 汉语词汇分类上 [M]. 昆明：云南大学出版社，2022.

[3] 王兴才. 汉语语法及相关问题研究 [M]. 北京：中国书籍出版社，2020.

[4] 李无未. 东亚视阈汉语史论 [M]. 厦门：厦门大学出版社，2014.

[5] 郭建花. 汉语音韵词汇研究论集 [M]. 厦门：厦门大学出版社，2008.

[6] 游汝杰. 汉语方言学导论修订本 [M]. 上海：上海教育出版社，2018.

[7] 林才伟. 中华常用词汇归类与应用 [M]. 银川：宁夏人民出版社，2018.

[8] 方一新. 汉语史学报第 17 辑 [M]. 上海：上海教育出版社，2017.

[9] 游汝杰. 汉语方言学教程 [M]. 上海：上海教育出版社，2016.

[10] 魏海平. 基于语言理论和本体研究的对外汉语课堂教学 [M]. 成都：四川大学出版社，2014.

[11] 周奇. 常见汉语字词读用错误辨析手册 [M]. 石家庄：河北教育出版社，2016.

[12] 范晓. 语言和言语问题研究 [M]. 上海：复旦大学出版社，2022.

[13] 赵殿煜. 汉语言文学研究在文化传承中的价值研究 [J]. 文化创新比较研究，2022（26）：195-198.

[14] 魏黎丽. 新媒体环境下的汉语言文学教学策略分析 [J]. 教育教学论坛，2019（31）：236-237.

[15] 吴政坤. 网络语言对汉语言文学发展的冲击分析 [J]. 佳木斯职业学院学报，2017（9）：115.

[16] 赵立新. 汉语言文学的内涵追求与人的涵养关系小议 [J]. 黑河学院学报，2018（8）：195-196.

［17］谢影. 汉语言文学的内涵追求与人的涵养［J］. 长春教育学院学报，2013（17）：51.

［18］黄倩. 融合传统文化的汉语言文学发展路径探析［J］. 文教资料，2021（17）：15-17.

［19］莫丽莎. 汉语言文学中语言的运用和意境研究［J］. 作家天地，2023（30）：135-137.

［20］李阳阳，玉红. 新文科背景下开放教育汉语言文学专业课程改革研究［J］. 时代报告（奔流），2023（11）：128-130.

［21］吕楠. 汉语言文学内涵追求与人的涵养［J］. 女人坊，2021（10）：172.

［22］杨东. 汉语言文学作品中语言运用和意境营造关系研究［J］. 中原文学，2024（28）：18-20.

［23］王宇杭. 浅析网络语言对汉语言文学发展的影响［J］. 休闲，2021（8）：52.

［24］左曲美. 汉语言文学创新能力提升的对策研究［J］. 进展，2023（17）：193-195.

［25］陈文辉. 新媒体视域下网络语言对汉语言文学的冲击和影响［J］. 作家天地，2023（10）：99-101.

［26］刘琼. 网络语言给汉语言文学发展带来的影响探析［J］. 发明与创新（职业教育），2021（4）：157-158.

［27］吴宗伟. 网络语言给汉语言文学发展带来的影响分析［J］. 青年文学家，2020（8）：60.